觀心自在

《般若波羅蜜多心經》法要

陳琴富——著

《般若波羅蜜多心經》

觀自在菩薩，行深般若波羅蜜多時，照見五蘊皆空，度一切苦厄。

舍利子！色不異空，空不異色；色卽是空，空卽是色，受想行識亦復如是。

舍利子！是諸法空相，不生不滅，不垢不淨，不增不減。

是故空中無色，無受想行識；無眼耳鼻舌身意；無色聲香味觸法；無眼界，乃至無意識界；無無明，亦無無明盡，乃至無老死，亦無老死盡；無苦集滅道；無智亦無得。

以無所得故，菩提薩埵。依般若波羅蜜多故，心無罣礙；無罣礙故，無有恐怖，遠離顛倒夢想，究竟涅槃。

三世諸佛，依般若波羅蜜多故，得阿耨多羅三藐三菩提。

故知般若波羅蜜多是大神咒，是大明咒，是無上咒，是無等等咒，能除一切苦，真實不虛。

故說般若波羅蜜多咒。即說咒曰：揭諦揭諦，波羅揭諦，波羅僧揭諦，菩提薩婆訶。

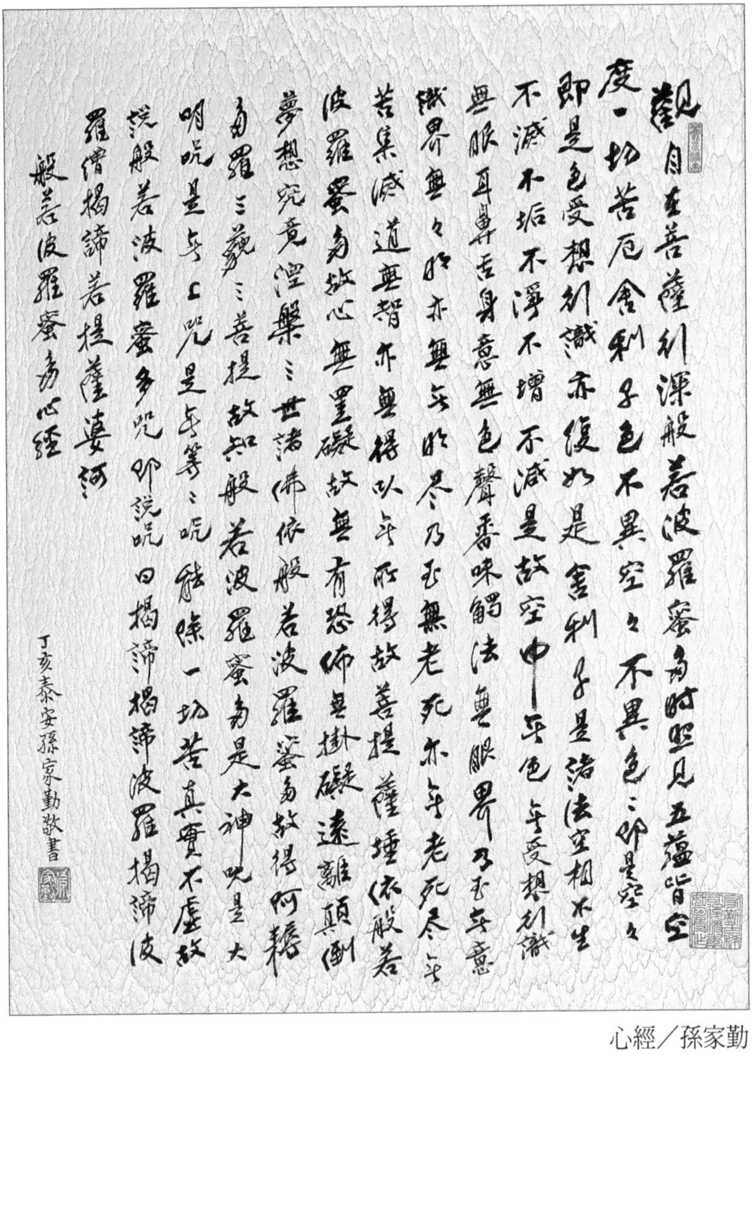
觀自在菩薩行深般若波羅蜜多時照見五蘊皆空
度一切苦厄舍利子色不異空空不異色色即是空空
即是色受想行識亦復如是舍利子是諸法空相不生
不滅不垢不淨不增不減是故空中無色無受想行識
無眼耳鼻舌身意無色聲香味觸法無眼界乃至無意
識界無無明亦無無明盡乃至無老死亦無老死盡無
苦集滅道無智亦無得以無所得故菩提薩埵依般若
波羅蜜多故心無罣礙無罣礙故無有恐怖遠離顛倒
夢想究竟涅槃三世諸佛依般若波羅蜜多故得阿耨
多羅三藐三菩提故知般若波羅蜜多是大神咒是大
明咒是無上咒是無等等咒能除一切苦真實不虛故
說般若波羅蜜多咒即說咒曰揭諦揭諦波羅揭諦波
羅僧揭諦菩提薩婆訶
般若波羅蜜多心經
丁亥泰安孫家勤敬書

心經／孫家勤

目次

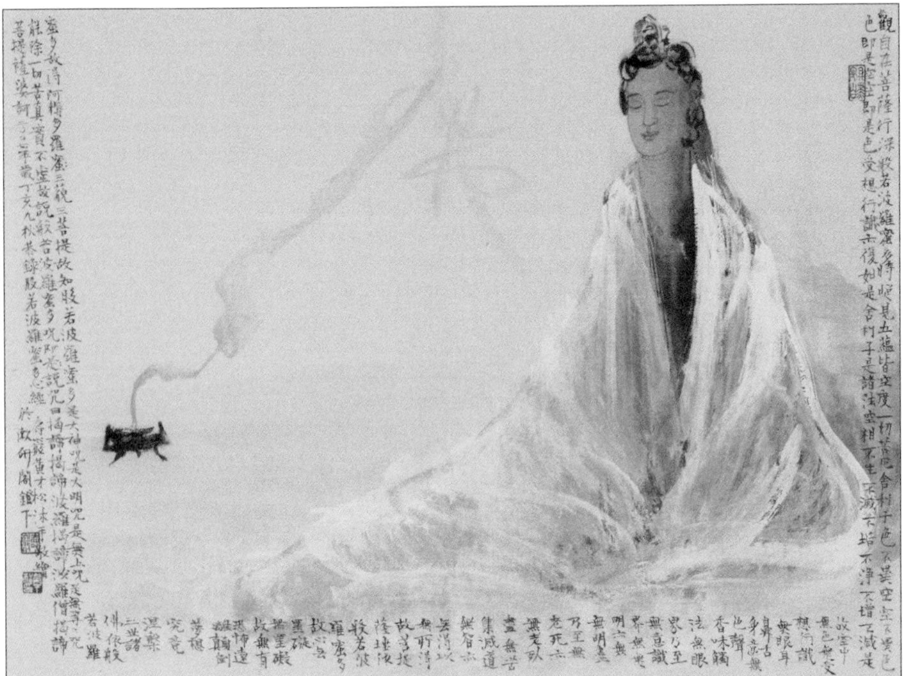

觀音／黃才松

推薦序／

般若讓你更自在

星雲

我們經常聽人說，「人身難得，佛法難聞」，仔細想來，一點也不錯；所以，我們能夠既得人身又聞佛法，其實是非常幸運的。佛經浩瀚似海，我們一般最常聽聞到的正是《般若波羅蜜多心經》，也簡稱為《心經》。

《般若波羅蜜多心經》在佛法裡究竟占有什麼樣的地位呢？

在佛教的三藏十二部經典裡，《華嚴經》有「經中之王」的稱譽，共有八十卷。其實，比《華嚴經》更長的一部經稱為《大般若經》，有六百卷。六百卷的《大般若經》，不容易一一深入研究，所幸有一部《般若波羅蜜多心經》，是佛經裡面經文最短的一部，只有二百六十個字，可是它卻代表了六百卷的《大般若經》，所以《般若波羅蜜多心經》正是《般若經》的中心、宗要。

「般若」二字，在佛法裡面是非常重要的，我們經常聽到，佛陀為一大事因緣來到人間，他「說法四十九年，談經三百餘會」，在這四十九年的說法當中，有二十二年，接近一半的時間都在講說《般若經》。可見「般若」的重要。

《般若波羅蜜多心經》是一部什麼樣的經典呢？《阿彌陀經》是一部描述阿彌陀佛極樂淨土殊勝莊嚴的經典；《維摩詰經》是藉由維摩詰居士證得的境界，來闡揚大乘菩薩道；《般若心經》講的則是每一個人最切身緊要的一部經，要認識自己，就要用《般若心經》。我們聽過很多道理，擁有很多常識，但是曾深入了解「講自己的經」嗎？曾深入了解自己的心嗎？

我們看到世間上的眾生，貓、狗要吃飯，雞、鴨要吃米，牛、馬要吃草，人當然也要吃。可是不同的是，牛和馬除了吃草之外，就沒有別的要求了，而人除了吃以外，還有思想和見解。

所以，人在吃飯，可是各人吃出的味道都不一樣。拿喝茶來說，不會喝茶的人，感覺到茶好苦；會喝茶的人，卻是早晚非來點茶不可。人間之中，譬如飲茶，有人好苦，有人甘醇；有人恓惶，有人卻無比自在！

「般若」就是讓我們在這個人間更自在的法門！吃飯有了般若，飯的味道就不一樣；睡覺有了般若，睡覺的味道就不一樣。大家都在求功名富貴，但是有了般若，即使是求功名富貴，境界、看法卻會不一樣；有了般若，人的生活、思想、境界都會跟著改觀；有了般若，不要說證悟到般若可以成佛作祖，哪怕有一點般若的氣息，人生的情況就會改變。

我不講深奧的妙理，我只想傳達般若如何運用在我們的生活之中。般若可以改善我們的生活，提升我們的思想，淨化我們的人生境界。有一首詩說：「平常一樣窗前月，才有梅花便不同。」平常時，我們每天看月亮，看慣了，就不覺得它有什麼特別，但是有了梅花點綴，意境就不一樣了。所以說，一樣的生活，有了般若就有不同的體會。佛法應該和我們的生活、人生結合在一起，我想要讓人理解《般若波羅蜜多心經》，理解之後，吃飯、睡覺、穿衣、教育兒女、到社會工作，都能用得著、很好用，那麼，這個佛法才是大家所需要的。

佛法對現世人生的幫助，屬「入世法」的範疇。這世間終不免三塗八難，遇到挫折與風浪時，如果沒有般若作舟航，沉浮其中焉能自在？因此以《般若心經》為智慧之母，時時以心念護持，反身觀照自我，自然在行住坐臥之間，身心自在輕安，處處結得善緣、佛緣，得到修行的大方便、大利益。

除此之外，般若同時也是解脫之法，常樂之法，包含在佛法的「出世法」中。在世間沒有永恆不變的快樂，沒有永遠盛開的花朵，人的生老病死無可避免，事物的生住異滅、成住壞空都無法逃避，只有覓得生命永恆的歸宿，出離短暫變異的世間，才能真正離苦得樂，到達極樂世界。在這個意義上，解脫之法是究竟的佛法。

玄奘大師西行取經之時，也曾得觀世音菩薩化身指點，在遭遇險阻時誦念《般若心經》，得到諸佛菩薩的護持，屢屢化險為夷，絕處逢生。禪宗六祖惠能大師也有言：「何期自性本自清淨，何期自性本不生滅，何期自性本自具足，何期自性本無動搖，何期自性能生萬法。」意思就是證道之後，他終於知道自己的本性是什麼了。而惠能大師能證得自性本不生滅、圓滿具足的存在，般若的指引功不可沒，所以說「般若是諸佛之母」。

《般若心經》是為觀世音菩薩所述修行般若的心法概要。有了它做為修行般若波羅蜜的總綱要，或者「去一分無明，證一分法身」，或者「直指本心，見性成佛」，或漸或頓，依此真修實證。人生在苦海中的航行，就有了般若做為燈塔的指引，終能解脫成佛，遠離輪迴之苦，到達極樂的彼岸。

因此在現代社會，能有一卷《般若心經》，深解其義，不管在世間或出世間，信受活用，真是勝過一切法寶！

陳琴富居士從事新聞工作多年，也是《人間福報》的主筆，對於佛法深有興趣，經常把佛理帶入他的新聞寫作之中，對於安定社會、教化人心有相當的作用。他在工作之餘，寫了不少有關佛理的書，同時也以他個人

的體悟解說經典。《心經》是國人喜愛的經典之一，很多信眾都能朗朗上口，陳居士能在工作之餘，花時間寫下他對於《心經》的詮釋，相信對於讀者在信解上會有很大的幫助。

二〇一九年四月　於佛光山開山寮

作者序／

以甚深空義航向解脫的彼岸

陳琴富

大乘佛法中，《心經》是一部最重要的寶典，尤其在台灣，只要是初學佛者，幾乎都是以《心經》作為接觸佛法的入門。因為《心經》文短，易於記誦，而它的義理深奧也是廣受傳統文人喜好的原因之一。很多人因為特殊的因緣接觸到《心經》之後開始深入經藏，因此《心經》可以說是進入浩瀚佛法的敲門磚，畢竟短短的二百六十字，含有甚強的攝受力和加持力，這正是佛法不可思議之處。

《心經》進入中土的因緣可以說是源起於玄奘法師，雖然在姚秦時代，鳩摩羅什大師就已經翻譯過《心經》，但是中土流傳的《心經》版本是以玄奘法師翻譯的為主，《心經》的受到重視是在玄奘法師翻譯之後。玄奘法師的弟子窺基在他所寫的《唐梵翻對字音般若波羅蜜多心經》序中有述及一段玄奘法師與《心經》的因緣。

窺基在序言中說，玄奘法師有志西行印度取經，路過益州時，住宿在空惠寺，碰到一個生病的和尚，問及玄奘法師的行止，玄奘告以將西行印度，這位和尚告知前往印度非常艱辛，不但環境險惡，還有山鬼啼哭，魑魅飄遊，序中寫道：「道涉流沙，波深弱水。胡風起處，動塞草以愁人；山鬼啼時，對荒兵之落葉。朝行雪巘，暮宿冰崖，樹掛猿猱，境多魑魅。」

這位和尚接著傳授他三世諸佛心要法門，也就是《心經》，並說：「師若受持，可保來往。」只要法師能依照經文受持，可保往來印度平安。天亮之後，就不見和尚身影。於是三藏法師結束囊裝，慢慢離開大唐的國境。途中如果遇到厄難，就憶念四十九遍，迷路的時後就會有人來指引，肚子餓的時候就會出現珍蔬，讓他能夠逢凶化吉。一路到了中天竺磨竭陀國的那爛陀寺，在繞經藏的時候，忽然看到這位傳法和尚。

和尚說：「逮涉艱嶮，喜達此方。賴我昔在支那國所傳三世諸佛心要法門。由斯經歷，保爾行途。取經早遂，滿爾心願。我是觀音菩薩。」說完之後，騰空而起，原來這位和尚就是觀世音菩薩。從這裡可以知道，《心經》是觀世音菩薩所親傳，而且感應至靈。窺基大師也讚嘆《心經》：「如說而行，必超覺際。究如來旨，巨曆三祇。諷如來經，能銷三障。若人虔誠受持者，體理斯而勤焉。」如果能夠依法而行，虔誠受持，必然能夠超越三大阿僧祇劫，早成佛道。

因為這樣殊勝的因緣，而且是玄奘法師所親身經歷，當然就更受到佛門的重視。然而時至今日，儘管能背誦的人多，但是真正願意探究其深奧義理的人減其半矣，知道其義理又能起而行者再減其半矣。所以《心經》就成為一部易誦難解的佛經。我初學佛法時，也是從接觸《心經》開始。

因為佛門早晚課誦必然會念到《心經》，於是很自然地念誦，也會聽一些唱誦的錄音帶，用唱誦的方式很快就可以記起來。背誦久了，自然會想要了解《心經》到底在說什麼。

一行禪師在一九九五年到台灣來訪問，我參與了他主持的一場禪七，看到他寫的《般若波羅蜜多心經》，發覺原來《心經》的義理這麼深奧，他透過一張紙說明空性的道理。在一張紙中你看到了「非紙」的元素，陽光、雲彩、泥土、雨水、樹木等等，抽掉「非紙」的部分也就不成為一張紙了。所謂的空就是這張紙不可能獨立而存在，透過觀世音菩薩的這種深觀，讓我們理解五蘊中也沒有一個獨立的自我。從一行禪師的解說中才慢慢理解《心經》是在講解空性。

同時透過一行禪師傳授四念處的修法，開始對於佛法的「覺」與「觀」有初淺的了解，觀自在的「觀」就是一個很重要的法門，教我們如何在日常生活中觀照，從觀照中慢慢看清楚自己的五蘊色身，查覺到自己的身心感受，接著深一層看到自己的念頭，念頭的起落，看到心所，最後看清楚萬法的本質，這是四念處觀身、觀受、觀心、觀法的過程。所以《心經》必須透過對於經義的理解之後，如法實修。

之後，有機緣看到斌宗法師的《般若波羅蜜多心經要釋》以及印順法師的《般若經講記》，才了解到《心經》的架構涵蓋了三乘的修行過程，也就是佛陀三轉法輪敘述的精要，可以說，《心經》就是整個佛法修證的架構。佛陀從初轉法輪，講說蘊界處、四諦、十二因緣法門，是聲聞緣覺悟道的方法，集結為《阿含經》；二轉法輪講說般若空性的義理，也就是後來集結而成的《大般若經》，《心經》則是般若部的精華，是菩薩悟道的方法；三轉法輪是講說瑜伽行教了義經法輪，也就如來藏和自性，是菩薩成佛的修證方法。《究竟一乘寶性論》也指出，佛陀先說「無常、苦、不淨、無我」等聲聞法，次說「空、無相、無願」等大乘空相應教，再說

「不退轉輪語」，令眾生依自性清淨如來藏進入佛境界。

《心經》「從度一切苦厄」開始，至「能除一切苦」終結，可知佛法就是要滅除一切世出世間的煩惱，中間則涵蓋了三轉法輪的內容，也就是滅苦的修證過程。小乘著重在希求解脫自己的痛苦煩惱，大乘著重在推己及人，解除一切眾生的痛苦煩惱。不論是滅自己的苦或是滅眾生苦，需要依靠的就是波羅蜜，在大乘佛法中行菩薩道需要修六波羅蜜：布施、持戒、忍辱、精進、禪定，般若，而「五度如盲，般若為導」，般若則是六度之首。

般若簡單說就是智慧，但這種智慧不是一般世間人所說的智慧，而是勝義智，也就是通達真理的智慧。真理也不是世間人認為太陽從東邊出來的道理，即使科學家認知的物質組成是最小粒子、能量弦或光波，乃至宇宙形成於大爆炸的理論都無法涵蓋佛法中所說的真理。從凡夫、聲聞、緣覺、菩薩到佛的境界都不一樣，人類的知識可以通透四度空間，卻無法理解六度、七度空間，正如佛法說「初地不知二地事」一樣，初地菩薩不會知道二地菩薩的境界，所以要通達般若波羅蜜就必須經過聲聞、緣覺、菩薩、佛的覺悟過程。

《心經》是《大般若經》的心要，是理解空性的入門，《心經》說：「色不異空，空不異色；色即是空，空即是色。」這甚深四句義用世間的角度就很難理解，這說明色和空是一體兩面，如一枚銅板的兩面，互不相離，單說一面並不完全。而這正是佛法中的「緣起性空」和「性空緣起」的中道義理；所以煩惱就是菩提，生死就是涅槃，無二無別。

出版這本書也是一個很特殊的因緣，在二〇一六年和中廣新聞的節目主持人尹乃菁小姐對談《心經》，引起聽眾廣大的迴響，次年中廣公司出了六張CD，製成有聲書《觀心自在 心經十二講》，也廣受聽眾歡迎，有些聽眾反應，希望能夠出書，方便對照著看。但是說和寫畢竟不太一樣，所以花了一些時間重新整理。因為這段因緣讓更多的人接觸到《心經》的甚深義理，特別要感謝我的好友乃菁。

這本書分成四大部分，第一部分是《心經》的傳說，說明有關《心經》的傳聞、譯者、版本；第二部分是《心經》法要，也就是解說《心經》的內容；第三部分是觀音菩薩修行法門，這部分是介紹坊間許多觀音法門的修行方法。第四部分，是介紹有關《楞嚴經》中的「觀音菩薩耳根圓通法門」，觀音菩薩透過耳根解脫「動靜根絕空滅」六結的過程。這一章是由舍弟陳德富所執筆，他對唯識法門有深入的鑽研與實修經驗，他的解說更為深刻。

理解《心經》需要實修的程度配合，證量到哪裡，理解到哪裡。對於浩瀚如海的佛法，出版這本書是不揣淺陋，承蒙水月蘭若的學長們鞭策，讓我在解說上能更加善巧；特別要感謝書法家丁錦泉老師為本書封面題字；也要感謝台灣畫院的馮儀院長，提供精采的名家書畫，為版面增色；更要感謝星雲大師在法體欠安之中為本書作序。星雲大師對我始終鼓勵有加，每次出版新書，大師總是毫不遲疑的允諾，並很快賜下寶序，讓我感動莫名，心想何德何能蒙大師厚愛，大師在佛學上的見地和造詣如此之深，竟也不吝替一個後生晚輩、初出茅廬的佛學者提攜，鼓勵後輩之心如此殷切，如非菩薩何有此等心腸？只能說自己很有福份，在感謝之餘，祝福大師法體康泰，佛光普照，法水長流。也願與本書有緣者，能體解空義，離苦得樂！

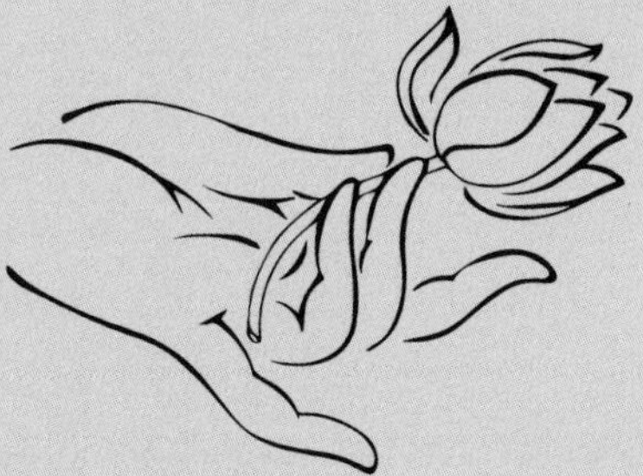

第一章 《心經》傳說

《心經》為何風行

《心經》的全名是《般若波羅蜜多心經》，在中國特別受到歡迎和重視。主要的原因有三：一是文短意深，符合中國士人言簡意賅的傳統，相似於《易經》，文字簡單，但涵義深奧。二是它為歷代王侯將相以及文人雅士所推崇，留下來的書法和註述很多。三是它的感應和靈驗事蹟特別多，尤其是以觀世音菩薩為名而流傳，而觀世音菩薩又是民間主要的信仰，接觸觀世音菩薩最方便的法門就是念誦《心經》。

說它文短意深，因為它濃縮了《大般若經》的精華，《大般若經》六百卷，居然能以二百六十個字在《心經》裡就完整述說整個架構，的確是一部智慧寶典。說到般若，它是佛經中很重要的觀念，是人類能超越世間法的一種智慧，這種智慧涵蓋了出世間法，包括三界天人、菩薩和佛的世界，也就是屬於聖人或更高維生命的智慧。

佛陀三轉法輪，初轉講四聖諦、十二因緣的道理；二轉法輪講般若，也就是《大般若經》所集結的內容；三轉法輪講自性，就是佛性。天臺判教依佛陀說法的次第立為五時：「華嚴最初三七日，阿含十二方等八，二十二年般若談，法華涅槃共八年。」其中般若就講了二十二年，可見般若在佛法修行的重要。

般若也是修行進入菩薩道很重要的門檻，佛陀二轉法輪的目的就是要讓聲聞緣覺乘的行者能進入菩薩乘，進階的法門就是般若。般若簡單說就是了悟空性的智慧，吳承恩的《西遊記》中，悟空就是智慧的象徵，到西天取經，如果沒有智慧，怎可能到得了西天？又如何看懂天書？小說中的唐三藏雖空有慈悲，缺了智慧還是不行的。

般若和空性是一體兩面，所謂空性是說萬法沒有究竟的本質，物理學研究物質的本體，發現物質的本體是粒子，粒子再切割還有微粒子，甚至光子、宇宙弦的出現，但是從佛法來說，物質的究竟本質就是空性。因為性空所以不礙萬法的緣起。理解了緣起性空的道理之後，可以處世間而無礙，所謂「百花叢裡過，片葉不霑衣」，也符合了《華嚴經》所說的：「理無礙，事無礙，理事無礙，事事無礙。」這樣的人生自然不會有煩惱。所以《心經》是了悟空性智慧的經典，是讓我們的人生沒有煩惱的寶典。

儒釋道是中國學術的主流，也是文人安身立命的憑藉，歷代文人雅士多從儒學入手，有些人終其一身謹尊儒學，有些人在中年之後覺得生命歷程有更需提升的渴求，而走入道學，更有些人認為道學仍不足以滿足對生命與宇宙實相的探究，最後都難免要走上佛學。《心經》則是士人走向佛學的入門。

歷代學佛的士人之中，悟道者不乏其人，從唐朝的裴休、白居易，宋朝的蘇軾、王安石、黃庭堅、范仲淹，元代的耶律楚材，明朝的宋濂，其中還有不少是名相。他們對佛經多有深厚的鑽研，不少還為佛經註述。

至於書法，名家留下來的更多了，書之美莫過於歷代《心經》，流傳下來的有唐朝的張旭、歐陽詢、柳公權，宋代的蘇軾、王安石，元代的趙孟頫，明代的董其昌、文徵明、沈度，清代的劉墉、傅山、吳昌碩、民國的弘一法師、于右任都留下了傳世的墨跡，清朝帝王康熙、乾隆也留下了的墨寶。這些作品益發顯得《心經》在中國士人心目中的地位。

說到感應事蹟，最典型的是玄奘法師本人，傳聞他西行印度時，途中碰到許多艱難險阻，每次遭逢困厄，他都是念《心經》度過苦難的。有人會問，《心經》不是他從印度回來才翻譯的嗎？其實，在他之前，前秦時期的鳩摩羅什已經有譯本，窺基大師說是他在西行途中，碰到一位和尚傳授他這本經，他隨時隨地誦念，尤其是碰到危難時刻。因此，後世也多傳言誦讀《心經》可以消災解難，度一切苦厄。

有關念《心經》感應的事蹟從唐朝之後就不絕於書，有因念《心經》而宿疾痊癒者、有退卻鬼魅者、有船難得救者、有從幽冥界放還者、有超度親人升天者，不一而足，這些記載散見於《高僧傳》、《觀音慈林集》、《觀音菩薩靈感錄》……等。

上述三個理由可以知道為何這短短二百六十字的經文，會受到歷朝如此多的重視。從當代佛子風靡《心經》的景況亦可略知一二。初入門學佛者，通常以念誦和背誦《心經》入手，法師講經也多從《心經》開始，書家抄經也是以《心經》起手。時下許多歌手開始關注心靈境界時，也以唱誦《心經》與聽友結緣，坊間還有齊豫、王菲等人唱的《心經》。可以說，《心經》仍是當代最流通暢行的經典。

《心經》的版本

歷代翻譯《心經》者不少，歷史上，至宋朝為止，可考的至少有十一本漢譯，現存有九本。目前已經佚失的譯本包括：東吳時期支謙翻譯的《摩訶般若波羅蜜咒經》，唐朝菩提流支翻譯的《般若波羅蜜多那經》、唐朝實叉難陀翻譯的《摩訶般若髓心經》。

現存的有姚秦時期鳩摩羅什翻譯的《摩訶般若波羅蜜大明咒經》（公元四〇二年）、唐朝時期翻譯的版本有：玄奘的《般若波羅蜜多心經》（公元六四九年）、義淨的《佛說波羅蜜多心經》（公元七〇〇年）、法月的《般若波羅蜜多心經》、法月重譯的《普遍智藏般若波羅蜜多心經》（公元七三八年）、般若共利言的《般若波羅蜜多心經》（公元七九〇年）、智慧輪的《般若波羅蜜多心經》（公元八五〇年）、法成的《般若波羅蜜多心經》；以及宋朝施護翻譯的《聖佛母般若波羅蜜多經》（公元九八〇年）。

其中以玄奘法師漢譯本流通最廣，共二百六十字。其譯本內容約有二十處與今日所見的梵文本不同。日本通行的漢譯本共二百六十二字，比中國通行本多了兩個字，即「遠離一切顛倒夢想」中的「一切」。唐代義淨的漢譯本，在咒語後有一段不同於一般譯本，獨有的流通分，描述讀經的功效。有些學者認為此版本可能是玄奘漢譯本的誤用，因此《大正藏》未收錄，但日本存有此本的抄本。

清康熙據西藏番字舊本譯有《大內譯般若波羅蜜多心經》；依此版本，雍正御製有《摩訶般若波羅蜜多心經》藏滿蒙漢對照版。

其中，各家版本都有序分、正宗分和流通分，鳩摩羅什和玄奘翻譯的版本沒有序分和流通分，只有正宗分，因此被稱為略本。不過，印順法師認為略本才是真正的版本，因為是從《般若經》節錄下來的，算是印度時期的節錄版，本來就沒有序分和流通分。不過，這種說法也有疑問，其他版本總不會憑空想像，杜撰出序分和流通分，而且有序分和流通分，全文讀起來比較有完整感，也符合一般佛經的體例。

《心經》是誰說的

《心經》到底是誰說的？有兩種說法，一是釋迦牟尼佛所說，一是觀世音菩薩所說。根據玄奘法師譯本，是舍利子問觀世音菩薩，觀世音菩薩答覆透過觀行般若波羅蜜體證空性之理，以此認為是觀世音菩薩所說。

但東初老人認為，根據〈大般若品〉，說法主應該是文殊菩薩，以「絕對平等智」宣說本體空觀的般若。之所以大家誤認為是觀世音菩薩所說，乃因「密教家手」所結成的，理由是密教特別尊崇觀世音菩薩，所以把「菩薩摩訶薩」改為「觀自在菩薩」。

印順法師認為，根據《大般若經》〈學觀品〉，此經有與《心經》完全相同的文句，全文是佛陀直接向舍利子說的，因此說法主是釋迦牟尼佛。現今觀自在菩薩是被密教化之後才出現的。然而，《心經》的內涵並沒有改變，確實是出自《大般若經》，而且是般若系統的精要。根據《大般若經》的內容，都是《心經》的詳細解說，可以說，《心經》就是《大般若經》的節錄版，而且二轉法輪的經典，基本上都是佛陀所親說。

不過，就《心經》的各種譯本來看，的確是觀世音菩薩所說。以法月譯本《普遍智藏般若波羅蜜多心經》為例，在序分之後說：「爾時觀自在菩薩摩訶薩在彼敷坐，於其眾中即從座起，詣世尊所。面向合掌，曲躬恭敬，瞻仰尊顏而白佛言：『世尊！我欲於此會中，說諸菩薩普遍智藏般若波羅蜜多心。唯願世尊聽我所說，為諸菩薩宣祕法要。』爾時，世尊以妙梵音告觀自在菩薩摩訶薩言：『善哉，善哉！具大悲者。聽汝所說，與諸眾生作大光明。』」

另外，施護所譯《佛說聖佛母般若波羅蜜多經》在流通分中有說：「爾時，世尊從三摩地安詳而起，讚觀自在菩薩摩訶薩言：『善哉，善哉！善男子！如汝所說，如是，如是！般若波羅蜜多當如是學，是即真實最上究竟，一切如來亦皆隨喜。』」所以就《心經》的譯本而言，都是觀世音菩薩所說。

觀音／孫家勤

《心經》開示的對象

《心經》是源於《大般若經》，佛陀在二轉法輪講空性，主要的開示對象都是迴小向大的聲聞、緣覺，他們多已是滅盡煩惱的阿羅漢，也已經知道人我空的道理，但是還沒有證到法我空，而且喜歡沉浸在涅槃寂靜的狀態，沒有弘法利生的意願。

因此佛陀二轉法輪，開解空性的義理以及行菩薩道的願力和行證的方法。因為空性的義理深奧，有些聲聞緣覺行者無法接受。佛陀在講解《法華經》時，先是告舍利弗：「諸佛智慧，甚深無量，其智慧門，難解難入，一切聲聞、辟支佛所不能知。」「止，舍利弗，不須復說。所以者何。佛所成就第一稀有難解之法，唯佛與佛乃能究竟諸法實相。所謂諸法如是相，如是性，如是體，如是力，如是作，如是因，如是緣，如是果，如是報，如是本末究竟等。」意思是說，諸佛的智慧非一般人能理解，聲聞緣覺也未必知道，唯有佛與佛之間才能真正體會其中義趣。

佛陀要說法時，舍利弗知道座中很多人心中起疑，而白佛言：「世尊，何因何緣，殷勤稱歎諸佛第一方便、甚深微妙、難解之法。我自昔來，未曾從佛聞如是說，今者四眾咸皆有疑。惟願世尊敷演斯事，世尊何故殷勤稱歎甚深微妙難解之法。」佛告舍利弗：「止，止，不須復說。若說是事，一切世間諸天及人，皆當驚疑。」

舍利弗三請佛陀說法，佛陀才說：「汝已殷勤三請，豈得不說。汝今諦聽，善思念之，吾當為汝分別解說。」此話一說完，會中有比丘、比丘尼、優婆塞、優婆夷五千人等，即從座起，禮佛而退。為什麼？「此輩罪根深重，及增上慢，未得謂得，未證謂證，有如此失，是以不住。」因為業力深重加上增上慢，聽不進去，所以世尊默然不加以制止。從這裡可以理解為何空性的義理難解難入。

在當代仍有小乘佛教和大乘佛教在爭論「大乘非佛說」。小乘佛教的修行是依據巴利藏而修持，延襲原始佛教，修小乘解脫道，以圓證（小乘）阿羅漢為目標，因此大乘思想難入，當然會認為大乘非佛說。但是在大乘佛教的國度，如中國和西藏就從來不會懷疑「大乘非佛說」。大乘經典更是浩瀚，也很能彰顯出世間法的智慧，不深入經藏，如何能體會佛陀所說「唯佛與佛能究竟諸法實相」？所以，對於一般凡夫來說，要體會佛陀二轉法輪所開示的空性義理是如何的困難了。

《心經》開示的對象與《般若經》一樣，都是針對菩薩說法，正因為如此，對我們凡夫來說就太深奧，不但無法理解，更難在日常生活中落實，例如無相布施，一般人都認為很難做到三輪體空；又如談到空性，一般人也認為，明明我就是一個存在的實體，山河大地也是存在的實體，何來空性？

不過，在佛法中，只要發了菩提心的人都是菩薩，這是發心菩薩，因為他有大乘種性，也有度生的願望，可以菩薩道作為修行的目標。《大智度論》中有概分為五種菩提。一、發心菩提：凡夫初發心，發起上求佛道、下化眾生的意願，就是發心菩薩。二、伏心菩提：發心之後，修行六度，漸次降伏煩惱，與空性相應，位階在十住、十行、十迴向。三、明心菩提：折伏粗煩惱後進一步徹證離相菩提，也就是明心見性，是指七地菩薩。四、出到菩提：發起勝義菩提心，得無生忍，開始修方便道，漸漸出離三界，所以說是出到菩提，指八地到十地菩薩。五、究竟菩提：斷除煩惱究竟，自利利他究竟，圓證無上菩提，是指究竟成佛。

《心經》的譯者

《心經》是《大般若經》的一部分，是玄奘法師從印度取回的經典之一，原文是古梵文，翻譯者就是玄奘本人。玄奘西天取經的故事在明代吳承恩所寫的《西遊記》一書中，讓大家都耳熟能詳，但《西遊記》一般多以神怪小說視之，也可以看出玄奘法師當年到印度取經，跋涉千山萬水，經歷千辛萬苦的過程。不過，當年他獨自西行走過風沙遮天的大漠，白天熱似酷暑，夜晚冷若冰天，可沒有孫悟空、豬八戒、沙悟淨在旁邊照料。

根據《大唐大慈恩寺三藏法師傳》的記載，玄奘本名陳禕，祖父陳康為北齊的國子監博士官，父親陳惠在隋初曾任江陵縣令，大業末年辭官隱居。他出生於隋朝仁壽二年（六〇二年），他的二哥陳素早年在洛陽淨土寺出家，號長捷法師。玄奘少年時便跟著長捷法師住淨土寺，學習佛經五年，研讀《法華經》、《維摩詰經》，十三歲出家為沙彌，喜讀《攝大乘論》，顯露他嚴謹的治學和修行態度。

唐高祖武德五年在成都大慈寺受具足戒，後沿江東下參學，在荊州天皇寺講學，又到趙州觀音院跟道深法師學《成實論》。貞觀元年重遊長安，學習《俱舍論》、《涅槃論》，也開始講學，因能窮各家學說而譽滿京城。有感於各家說法不一，尤其當時流行的攝論宗、地論宗有關法相的說法不同，他希望能學《瑜伽師地論》求融會貫通，因此決心西行印度求法。

貞觀三年（六二九年）毅然從長安出發西行，經高昌國時，得到國王麴文泰的禮遇供養，義結兄弟。歷經風霜雪雨、酷暑乾旱，終於抵達印度。在印度十多年間，停留在當時的佛教中心那爛陀寺，跟著住持戒賢法師學習《瑜伽師地論》，貞觀十三年，他曾在那爛陀寺代戒賢大師講授《攝大乘論》和《唯識抉擇論》。最著名的故事是他立了真唯識量論旨，在曲女城無遮大會上，等待十八天，沒人敢出來辯論，他不戰而勝的威名震驚天竺，被大乘行者譽為「大乘天」，上座部行者譽為「解脫天」。此後，玄奘還徒步考察了整個南亞大陸。

玄奘法師跟隨戒賢論師學法也是有一段因緣。玄奘大師到了印度王舍城的那爛陀寺，僧人就引導他去參見「正法藏」，也就是戒賢論師，當地的民眾尊稱他為「正法藏」。玄奘隨眾進入謁見，一見到戒賢論師，就以弟子的儀規，在論師足下頂禮。等大眾坐定後，戒賢就問玄奘從何處來？法師回答：「我是從中土大唐來的，希望能跟大師學習瑜伽論。」戒賢論師一聽之後，就掩面而泣，接著召喚一位名叫覺賢的弟子上前，這位弟子也是戒賢的姪子，此時已七十多歲，他博通經論。戒賢說：「你可以跟大眾說出我在三年前生病苦惱的那段往事。」覺賢聽命後也悲傷拭淚，哽咽說出當年的情況。

正法藏一直有風溼的宿疾，每次發病時，手足就會劇烈疼痛，好像被火燒、被刀刺那樣痛苦。這病時好時壞，已拖了二十多年。三年前病痛加劇，不能忍受，因此厭惡這個身軀，打算不吃不喝，以求滅度。沒想到當夜就在夢中見到了三位天人，一位黃金色，一位琉璃色，一位白銀色。他們形貌莊嚴端正，服飾高雅飄逸。

在夢中，金色人說：「你想要捨棄這個色身嗎？佛經只有說身是苦本，卻沒有教人自絕。你因為過去世中曾作過國王，卻帶給眾生許多苦惱，所以才招感今日病苦的果報。如今你應該省察往昔的罪業，至誠懇切的懺悔，對病苦能安心忍受，並且勤於宣揚佛法經論，這樣你的病苦自然就會消滅。不然的話，你若厭棄這個身體，苦難永遠無法窮盡。」

正法藏聽後，至誠的禮拜這三位天人。其中金色的天人指著琉璃色的天人說：「這位就是觀自在菩薩。」又指著銀色天人說：「這位就是彌勒菩薩。」金色天人自我介紹：「我就是文殊菩薩。我們看到你只想捨棄肉身做無謂的犧牲，而不作真正自利利他事，所以特來勸你。你應當依我們所說，弘揚正法，將瑜伽論等普及到沒有聽過的地方。這樣你的身體就會日漸康復。三年後將有一位大唐僧人，因愛樂大法，前來拜你為師，你可以安心在這裡等著好好的教導他。」正法藏聽完就再次頂禮拜謝，說：「我一定會恭敬的照您的指示去做。」話說完抬起頭來，天人們都不見了。從此以後，正法藏的病就慢慢好起來了，乃至痊癒。

當時在場人聽到這一段因緣，人人都稱讚這真是稀有難得之事。而玄奘法師能親自承受菩薩為他授記，更是悲喜交加，不能自已。於是他再度禮謝戒賢論師：「如果真的如法師夢中所言，我一定盡力聆聽學習，希望法師能慈悲的教誨我。」而後戒賢論師的教誨也令玄奘大師十分歡喜。

玄奘法師在貞觀十九年（六四三年）回到長安，帶回六百五十七部佛經，受到唐太宗的盛大迎接。永徽三年在長安城的慈恩寺西院築了五層塔，即現在的大雁塔，用來儲藏攜回的經像。在唐太宗的支持下，在長安設立譯經院，花了十幾年功夫在玉華宮翻譯了一千三百卷的佛經。玄奘法師於龍朔三年譯完最後一部《大般若經》後感慨說：「向在京師，諸緣牽亂，豈有寧日？」顯然他並不喜歡京師應酬的日子。玄奘法師於麟德元年（六六四年）二月五日圓寂，葬於白鹿原雲經寺。

綜觀玄奘法師的一生，身兼三藏法師、譯經師，一生翻譯佛經七十五部，一千三百三十五卷，他又是中國唯識法相宗的創始人，可以說是一個宗教家。除了翻譯《大般若經》之外，也譯出了唯識宗最重要的經論《解深密經》、《瑜伽師地論》，他還寫了唯識宗的經典《八識規矩頌》，他的弟子窺基也寫了《成唯識論》，為中國的唯識學奠定了基礎，儘管法相宗傳了四代就絕了，但唯識學已經融入其他宗派之中，成為修行很重要的根據，例如禪宗就是以唯識為根基。

玄奘法師旅經考察南亞各國，也可以說是一位旅行家、國民外交家、地理學家，他從新疆、西域到南印度總共遊歷了一百一十個國家，還聽聞了其他國家的風土民情，總共一百四十個國家，由他口述，弟子辯機筆受編成的《大唐西域記》，就是描述他十九年遍遊這一百多個國家的見聞錄。這本著作是一部重要的歷史地理文獻，今天那爛陀寺、鹿野苑、菩提迦耶阿育王塔、桑奇大塔等重要的佛教遺址，都是英國考古學家在十九世紀根據玄奘法師的記載而發掘的。

玄奘法師譯經的成果影響及於整個中國佛教的發展，直到今天，漢傳佛教可以說是佛教最大的一支，玄奘當然應居首功。

《心經》架構——觀空次第

《心經》的架構主要在彰顯空性的義理。第一句「觀自在菩薩行深般若波羅蜜多時，照見五蘊皆空，度一切苦厄。」全經已經說完了，在這一句裡已經涵蓋了整個修行架構。「觀自在菩薩」是能觀的人，「行深般若波羅蜜多」是所修的法，「照見五蘊皆空」是所證的果，「度一切苦厄」是所得的益。

接著開始根據「遣執、顯性、破妄、證果」四個層面分別解說。「舍利子！色不異空，空不異色；色即是空，空即是色；受想行識，亦復如是。」這句是遣執，也就是遣除執著，不執有亦不執空。「舍利子！是諸法空相，不生不滅，不垢不淨，不增不減。」這句是顯性，說明自性的清淨圓滿。

「是故空中無色、無受、想、行、識。無眼、耳、鼻、舌、身、意；無色、聲、香、味、觸、法。無眼界，乃至無意識界。」這是分別從五蘊、十二入、十八界破除凡夫執著於我相，透過蘊、處、界的觀照體證無我。這是破除我執妄想。

「無無明，亦無無明盡；乃至無老死，亦無老死盡。」是破緣覺的十二因緣法相；「無苦、集、滅、道」是破聲聞的四諦法相；「無智亦無得」是破權教菩薩的法相。三句連起來就是破除空執妄想。

「以無所得故，菩提薩埵，依般若波羅蜜多故，心無罣礙，無罣礙故，無有恐怖，遠離顛倒夢想，究竟涅槃。」這是菩薩在破除我執、法執、空執之後，進入中道第一義諦所證的果。「三世諸佛，依般若波羅蜜多故，得阿耨多羅三藐三菩提。」這是諸佛所證果。

前一大段是顯說般若，後面「故知般若波羅蜜多，是大神咒，是大明咒，是無上咒，是無等等咒。能除一切苦！真實不虛！」，是密說般若，最後則是密說咒語「故說般若波羅蜜多咒，即說咒曰：揭諦揭諦，波羅揭諦，波羅僧揭諦，菩提娑婆訶」。

可以知道全文短短二百六十字卻是架構細密、完整，從凡夫、進入二乘到菩薩地所應該破除的執著，以及修行直至成佛證果的境界。從顯說到密說般若的義理，讓顯密兩道的行者各取所需，各有所證。

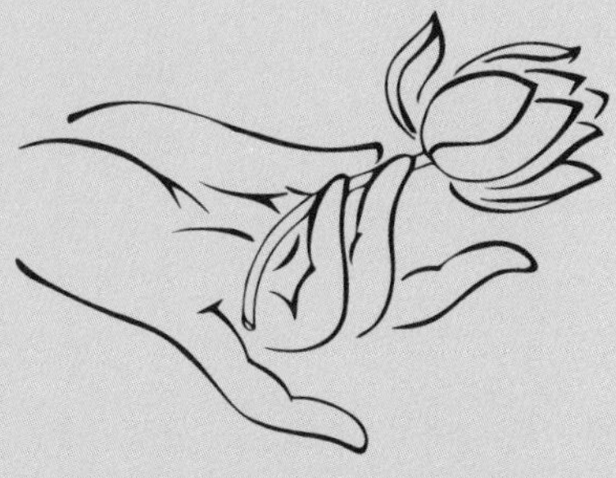

第二章 《心經》法要

【序分】

每一部佛經都可概分為序分、正宗分和流通分，序分有點類似書的序言，流通分類似跋，正宗分則是本文。佛經的序分是介紹法會緣起，例如《金剛經》第一分是法會因由，說明佛陀在什麼因緣場合下講這部經。序分通常表徵六成就：信成就、聞成就、時成就、主成就、處成就、眾成就。

以《金剛經》為例，它的序分有兩段，前一段是：「如是我聞，一時，佛在舍衛國祇樹給孤獨園，與大比丘眾千二百五十人俱。」這句是證信序，就已經表出了六種成就。「如是」就是信成就，法爾如是。「我聞」是聞成就，是從佛陀所親聞。「一時」是時成就，因為佛教的時空觀超越世間，各方世界的時空不一，不用某年某月某日，而用一時，曾經有這麼一次因緣之意。「佛」就代表主成就，以慈悲與智慧成就為眾生說法。「在舍衛國祇樹給孤獨園」是處成就，這是給孤獨長者須達多和祇陀太子發心供養佛陀的說法處。「大比丘眾千二百五十人俱」是眾成就，這一千二百五十位大比丘是佛陀初度的常隨眾，是最先跟隨佛陀出家的修行僧，多成就阿羅漢。

接著第二段：「爾時，世尊食時，著衣持鉢，入舍衛大城乞食。於其城中次第乞已，還至本處。飯食訖，收衣鉢。洗足已，敷座而坐。」這是發起序，就是這部經的起頭。看似佛陀準備說法的前奏，事實上，法在這個過程中已經說完了。《金剛經》講「云何應住，云何降伏其心」，講降心與住心的要領，佛陀在著衣持鉢、入城乞食、收衣鉢、洗足、敷座而坐之中已經以身教說明降心與住心的要領。

在《心經》翻譯的版本中，除了鳩摩羅什和玄奘的譯本沒有序分和流通分之外，其他版本都有。為方便讀者了解法會緣起，此處選了兩個版本的序分，可以知道法會也是世尊為主，觀世音菩薩和舍利子承佛威力，宣說了這一段經文。

宋朝施護翻譯的《佛說聖佛母般若波羅蜜多經》序文如下：「如是我聞，一時世尊在王舍城鷲峰山中，與大苾芻眾千二百五十人俱，并諸菩薩摩訶薩眾，而共圍繞。爾時世尊即入甚深光明，宣說正法三摩地，時觀自在菩薩摩訶薩在佛會中。而此菩薩摩訶薩，已能修行甚深般若波羅蜜多，觀見五蘊自性皆空。」這一段就是證信分，說明佛陀在靈鳩山宣說正法三摩地，在座的菩薩眾多已經能夠修行甚深般若波羅蜜，照見五蘊皆空。

接著才進入發起序，「爾時尊者舍利子承佛威神，前白觀自在菩薩摩訶薩言：若善男子善女人，於此甚深般若波羅蜜多法門，樂欲修學者，當云何學？時觀自在菩薩摩訶薩告尊者舍利子言：汝今諦聽！為汝宣說。若善男子善女人，樂欲修學此甚深般若波羅蜜多法門者，當觀五蘊自性皆空。」從這一段可以知道舍利子其時也能照見五蘊皆空，只是代一般善男子善女人問修學般若空性的方法。

在藏傳佛教常用的是貢噶呼圖克圖翻譯的版本《薄伽梵母智慧到彼岸心經》，其證信序是這樣的：「如是我聞，一時，薄伽梵在王舍城靈鷲山，與大比丘眾及大菩薩眾俱。爾時，薄伽梵入深明法門三昧。是時，復有聖觀自在菩薩摩訶薩觀照般若波羅蜜多深妙之行，見五蘊皆自性空。」接著是發起序：「於是壽命具足舍利子承佛威力，白聖觀自在菩薩摩訶薩言：善男子，若有欲修般若波羅蜜多深妙行者，作何修習？聖觀自在菩薩摩訶薩告壽命具足舍利子言：舍利子，若善男子善女人樂修般若波羅蜜多深妙行者，應作是觀。」

鳩摩羅什和玄奘翻譯的算是去頭去尾的節錄版，沒有序分和流通分。這在正式譯經中較少見，但佛教初入中土時，為順此方文體貴簡略的風俗，翻譯中序分通常省略，例如佛遺教三經都沒有序分：鳩摩羅什翻譯的《佛遺教經》、迦葉摩騰和竺法蘭翻譯的《四十二章經》、安世高翻譯的《八大人覺經》都沒有序分。玄奘的《心經》譯本主要是參考鳩摩羅什的譯本，而且當時《心經》已經很風行，為了方便讀誦，玄奘法師也採用了節譯的方式，省了序分和流通分。

序分之後，接著就是正宗分，也就是本文。施護譯本接著：「何名五蘊自性空耶？所謂即色是空，即空是色；色無異於空，空無異於色。受、想、行、識亦復如是。」貢噶譯本接著：「色即是空，空即是色，色不異空，空亦不異色，受想行識，亦知是空。舍利子！以是諸法性空無相，不生不滅，無垢亦無離垢，無滅無增。」和玄奘譯本就大同小異了，不過有些地方對照著看，意思會更清楚。

【正宗分】

觀自在菩薩

觀自在菩薩是本經的說法者，觀自在除了是觀世音菩薩的別名之外，它本身就具有甚深含義。此處的觀自在菩薩是指佛經上的觀世音菩薩，因為玄奘法師要避唐太宗李世民的名諱，而改譯為觀自在，其實也符合義理。觀世音在圓滿利他的一面：基於自身的慈悲聽聞世間苦難而尋聲救苦；在圓滿自利的一面：觀心自在安住於自性的智慧之中。

觀世音菩薩的名號和他的慈悲救世威力，深入人心已達二千年之久，他的慈悲特質與中華文化的仁義道德傳統又特別相契，在中土觀音菩薩幾乎可以說是無人不知，正是所謂的「家家彌陀佛，戶戶觀世音」，在平時早晚一炷香祈求平安，每當有大難臨頭時也總不忘呼叫「觀音菩薩保佑」，祈求度過難關。而觀音菩薩也發揮了「聞聲救苦」、「千處祈求千處應」的偉大功德，滿眾生的願。

觀音菩薩在過去生中早已成佛，阿彌陀佛在因地為轉輪聖王時，他是第一太子，名叫不眴，出家後號觀世音，成佛後號正法明如來，現在可以說是西方極樂世界的一生補處的法身大士，為了追隨釋迦牟尼佛應化人間而化現菩薩。《大悲心陀羅尼經》云：「觀世音菩薩不可思議威神之力，已於過去無量劫中已作佛竟，號正法明如來，大慈願力，安樂眾生，現作菩薩。」

至於未來再成佛也有名號，《悲華經》云：「於西方極樂阿彌陀涅槃之後，觀音成佛，名遍出一切光明功德山如來。」《觀世音菩薩授記經》云：「阿彌陀滅度後，補處而號普光功德如來，均為方便示現也。」他再度成佛以後的國土叫做「一切珍寶所成就世界」，由以上經文可知觀音菩薩過去未來都是佛，現在只為方便度眾示現為菩薩。

據《觀世音菩薩授記經》云：在無量劫以前，有世界名叫無量德聚安樂示現，佛號金光獅子遊戲如來，其時有一國王名叫威德，他虔誠奉事如來，聽佛說法。後到自己的花園中觀修，時有兩朵蓮花，一左一右從地湧出，即有兩童子化生其間，一名寶意，一名寶上，和威德國王一同到佛說法的地方，問佛：「以何供養名為最勝？」佛言：「當發菩提心，廣濟諸眾生，是為第一供養。」於是兩童子在佛前俱發菩提心及廣濟眾生的宏願。後來寶意童子即修證成為觀世音菩薩，寶上童子修成為大勢至菩薩。

觀音菩薩在梵文中稱為「阿縛盧枳帝濕伐邏」（Avalokitesvara），竺法護譯為「光世音」，鳩摩羅什譯為「觀世音」，玄奘法師因為避唐太宗李世民的名諱，譯為「觀自在」。在中國《妙法蓮華經》〈普門品〉成為信仰觀音的必備課誦本，因此沿用鳩摩羅什舊譯稱「觀世音」，簡稱觀音。〈普門品〉之所以盛行是因為北涼君主蒙遜生了一場大病，群醫無方、藥石罔效，印度來的一位譯經師勸他至誠念誦〈普門品〉，果然不藥而癒。

觀世音的名稱由來其一是《悲華經》的記載，寶藏如來為他授記時說：「善男子，汝觀人天及三惡道一切眾生，生大悲心。欲斷眾生諸煩惱故，欲令眾生住安樂故。善男子，我當字汝為觀世音。」其二是《楞嚴經》觀音菩薩述說耳根圓通證道經過時說：「憶念我昔無數恆河沙劫，於時有佛出現於世，名觀世音，我於彼佛發菩提心，彼佛教我從聞思修入三摩地。」觀世音菩薩悟道以後，此觀音古佛為他授記就叫做觀世音。在《大日經疏》中說：「觀世自在者即是蓮花部主，謂如來究竟觀察十緣生句，得成此普眼蓮花，故名觀世自在。」

說到觀音菩薩的感應是特別靈驗，從古到今述說觀音靈驗故事的書不知凡幾。玄奘法師西行印度取經，途中曾遇到一天竺僧人傳授他《心經》，要他遭到危難時念誦，每次都靈驗異常。他經過八百里流沙河時，幾度遇到妖魔作怪，都靠《心經》遣退。一次在沙漠走了五天四夜，未進滴水，和馬倒臥沙漠中，玄奘法師默念觀音聖號，並祈求觀音菩薩慈悲救苦，過不久涼風觸身，全身舒暢，馬兒也能走了，兩人起身走了十多里路，果然見到綠洲，不但有青草還有一泓清水，知是觀音菩薩慈悲化現出來的。

中國民間流傳最廣的觀音故事，大致是說有一位妙莊王，他有三位公主，三公主妙善生平喜愛修行佛法，常慈悲助人並勸人為善，為了要招駙馬，還要求來參加的人背誦佛經，但最後她在大香山修成正果。此一傳說大都來自一部《觀音得道》的傳奇小說，後來被改編成電影，大家就以此作為觀音菩薩本生故事的藍本。但這也只是民間流傳的一種傳奇而已，並不能信以為實。觀音菩薩在恆沙劫前就已經得道，除了為無數菩薩、聲聞、天龍八部說法之外，還常隨釋迦牟尼佛說法度眾。

至於觀世音的意思可以從兩個層面來看，一是《楞嚴經》說觀世音悟道的過程，經過聽聞音聲至能所兩亡而契入本性，所以第一層意思是說他是經由諦觀音聲而悟道，此從自利說。一是《法華經》所說：「若有百千億萬眾生受諸苦惱，聞是觀世音菩薩，一心稱名，觀世音菩薩即時觀其音聲，皆得解脫。」第二層意思是說他經由聽聞世間音聲而救苦，此從利他說。近一層看，觀是指能觀的智慧，世音是指所觀的境，能所圓融無罣無礙；從究竟義來看其意思是：「觀有不住有，觀空不住空，聞名不住於名，見相不惑於相。」

觀自在菩薩是指能觀的人，因此觀自在也可以是指在修行中的自我，每個人都是觀自在，你只要肯用心觀照，自然能觀照到自性本體，也能安住於清淨自性中得大自在。所以，在《心經》中的觀自在菩薩也代表著每一位眾生，眾生都有佛性，心、佛、眾生，三無差別；菩薩與眾生在本體上也無二無別。

在修行次第而言，「觀」亦指觀行位，《解深密經》〈分別瑜伽品〉第六：「爾時慈氏菩薩摩訶薩白佛言，世尊，菩薩何依何住於大乘中修奢摩他毗缽舍那。」佛告慈氏菩薩曰：「善男子當知，菩薩法假安立，及不舍阿耨多羅三藐三菩提願，為依為住於大乘中修奢摩他毗缽舍那。」菩薩於大乘法中修習奢摩他（止）毗缽舍那（觀），不只是依法假安立十二部經，還得住於無上大菩提願中，可見「觀」在菩薩行中，是居於首的地位。如天臺宗六即佛的「觀行即佛」，別教的「四加行」位，即是入道的前行位，若無觀行位的修持，心地不明，只能緣修於世間安樂道，對斷障解縛的實修解脫道，是難以窺其堂奧的，更何況是菩薩道。故此「觀」是指「觀行」而言，是「自在」的因地。

若沒有觀行的功夫，無法斷諸習氣、毛病，心不能安止，何有自在可言？「觀自在」謂自觀內心，能清楚心的起起落落，因緣的來來去去，不過是空花水月，心頭落謝的影子罷了，能不為遷流業識所惑，心自能自在。繼之「行深」般若波羅蜜多時，以智慧觀照的功行轉深了，不會被外境與內塵迷惑，最後當能次第的「照見五蘊皆空」，解脫三界。

奢摩他，譯為止，是止息寂靜的意思。其體為定，有令心專注而不散亂的特性。《般若經》說「一心不亂名止」，《遺教經》說「制心一處，無事不辦」，《解深密經》說「心一境性，是奢摩他相」，都是此意。毗缽舍那，此譯為觀，是審諦觀察的意思。其體為慧，有簡別抉擇而無錯謬的特性。行者想要脫離盤根錯節纏縛身心的煩惱，就必須運用觀力，方能達成。《般若經》說「如實見法名觀」，即是此義。行是實踐，就是對於止觀，要不斷的實踐，方可生起，不是隨便想想就可生的。

一般而言，「安樂道」是指行世間善法，而求得來世安樂。「解脫

道」是能斷除一切執取、分別，得解脫三界生死。「菩薩道」則為念念銷歸自性，隨順真如，能自覺覺他而無礙。

行深般若波羅蜜多時

這句是指所修的法。行深的解釋通常有兩種，一是將「行」做名詞解，指般若智慧甚深廣大，觀自在菩薩功行圓滿，一切無礙。一做動詞解，是說進入很深的修行，指觀自在菩薩此時進入甚深的般若波羅蜜多之時。雖然觀世音菩薩早已消盡了我法二執，了卻分段與變異生死，但因為此處要彰顯修行般若波羅蜜多的次第，以動詞解較合乎全文經義。深是何義？佛說：「空是其義，無相、無願、不生不滅是其義。」也就是說觀自在菩薩此時進入甚深般若空義之中。

若將「行」做動詞解，此處的行是指觀行，依照佛法的修行，主要有「止」和「觀」兩大行門，按下文照見五蘊皆空，當然是指觀照的功夫，要透過觀照才能生起智慧。在佛法的修證體系中，佛陀在阿含道中教導的觀照方法是以四念處為主，所謂四念處是指：身觀念處、受觀念處、心觀念處和法觀念處，漢傳佛教中將四念處簡約為：觀身不淨、觀受是苦、觀心無常、觀法無我。依照《大念處經》，修四念處可以使眾生清淨、超越愁悲、滅除苦憂、成就正道、體證涅槃。

依《楞嚴經》，修行成佛的體系要經過五十二位階，亦即十信、十住、十行、十迴向、十地、等覺、妙覺，最後成就無上正等正覺。若依照唯識的修道五位來說，首先是資糧位，這一位就包含十住、十行、十迴向，通稱三賢位，修行要經歷一大阿僧祇劫。第二位是加行位，即將進入初地之前，修四尋思觀：名尋思觀、事尋思觀、自性尋思觀、差別尋思觀，經歷「煖、頂、忍、世第一法」等四善根得到四如實智。第三位是通達位，此時已能印持二取空，這是進入初地通達我法二空之理，也就是無智亦無得的位階。第四位是修習位，指初地到十地的修行，通稱為十聖

位，要修十波羅蜜，歷時兩大阿僧祇劫。第五位名究竟位，此時三惑盡斷，大覺圓滿，無煩惱、不可思議，已到達佛位，又稱為無修道。

窺基大師在《心經幽贊》解釋行深的「深」說，依照前面的方法修學，但不見行相，是名為行。此所行法為什麼叫做「深」呢？因為：「妙理玄邈不可思議，二乘不能曉，凡夫所不測，故名為深。」又說，「或此一切諸菩薩行，真如實相難可圓證，智慧觀照難可獲得，詮教文字難可悟說，萬行眷屬難可成就，有空境界難可通達，以慧為首餘性或資皆名般若。故並名深。」這個修行是通透佛陀證悟的境界，所以說深。

般若波羅蜜多是指智慧度，一般而言，菩薩道修六波羅蜜：布施、持戒、忍辱、精進、禪定、智慧。其中的第六度般若波羅蜜就涵攝其他五度，「五度如盲，般若為導」就是表明般若的重要。般若漢譯是智慧，但智慧不足以說明出世間的般若智，所以不翻，直接從梵語音譯而來。世俗的智慧，包括科學家、藝術家、哲學家都有一套理解宇宙人生真相的看法，但都是相對的真理，不是究竟真理，無法涵蓋般若智慧。般若智慧又稱勝義智，是相對於世間智慧而說的。

有關宇宙人生的真理，直到如今，科學家和哲學家們仍在尋找答案，科學家們從量子物理學尋找最小粒子，也就是物質的本質，還沒有答案；天文物理學家尋找宇宙的源起，知道宇宙是大爆炸形成的，宇宙無量無邊依然在膨脹中，但還是沒有答案。佛陀解釋宇宙的源起和真相，只有三句話，也就是所謂的三法印：

一、諸行無常：一切事物都在因果法則下變遷流轉，世間所有一切都是無常的，沒有永恆不變的東西。從生命現象的生老病死來看，的確是無常的；從氣候變化的春夏秋冬來看，表面上看似不斷的循環，春去春又回，但今年的春天完全不同於去年的春天，雖說景物依舊，但人事全非；

事實上景物也已經不依舊了，去年枝枒上的嫩葉早已長成茂盛的綠葉，隨著秋去冬來而凋零，今春的嫩葉已經是另一株新的生命。正因為無常，生命繼續綻放，宇宙繼續運轉。從更微小的變化來看，人體細胞的生生死死是無常，一巴掌拍下去，立即有幾萬個細胞生死替換。人的念頭起落也一樣，一個思緒幾百個念頭齊飛，下一秒又立即以其他的念頭替換，這就是無常義。諸法沒有永恆不變的究竟義。

二、諸法無我：一般以為我是一個獨立存在的個體，但依照佛法的義理，不但沒有一個獨立存在的我，也沒有獨立存在的萬事萬物，所有的事物都是因緣合和的假象，不是實有的。人如果分為五蘊、六根，就找不到一個叫做我的實體，世間萬物也是因緣聚合的假象，緣起之前沒有，緣滅之後離散。六根接觸六塵，衍生出十八界的情器世間，三界唯心，離識無我。在佛法的修行上，主要是要體證人我空和法我空。

三、寂靜涅槃：在諸行無常的背後是寂靜平等的，也就是說，在變動不居、因緣合和的背後其究竟本體是不生不滅、不垢不淨、不增不減的。雖然水會因風掀浪，但水性本是平靜的。雖然我們處在變化萬端的社會，會有是非善惡、長短差別、美醜好惡等等分別，但我們內心深處的本質是寂靜無分別的。如果我們能找到這個本體，也就是自性、佛性，並安住在寂然不動的自性上，就可以達到解脫痛苦煩惱的境地。

以上三者就是佛法中很重要的觀念：三法印。小乘的修行就是要慢慢透過觀照五蘊空、十二處、十八界空，而證得苦、空、無我的境界。大乘菩薩道就是以一個「空」字涵蓋此三法印，當然，大乘菩薩都是體證三法印的行者，才能從空性之中行六度萬行，迴小向大，行利他行，度一切眾生。印順長老解釋此三法印，認為了解「空」要從三方面去理解：世間沒有「不變性」的東西，世間沒有「獨存性」的東西，世間沒有「實有性」的東西。

須菩提在般若會上提出四個問題：何者般若，何名般若，般若何用，般若誰屬。龍樹菩薩在《大智度論》中，分別提出解說。首先，什麼是般若？般若略分三種：實相般若、觀照般若、文字般若。

一、實相般若：大智度論說：「般若者即諸法實相，不可破，不可壞。」所謂實相，就是究竟的真理，是不可以用有無、長短、大小衡量的，實相無相，也不能用形象去描繪的，正如老子所謂的「道可道，非常道。」實相離一切語言、文字相，是無可取、無可執著的。禪宗所謂的「言語道斷，心行處滅。」不可說，不可說。《法華經》說：「唯佛與佛乃能究竟諸法實相，所謂諸法如是相，如是性，如是體，如是力，如是作，如是因，如是緣，如是果，如是報，如是本末究竟。」唯有佛才能通達究竟實相。

二、觀照般若：觀照是在實相上所起的一種智用，透過觀照可以趨近實相，行者從觀照身、受、心、法，觀察我法並無自性，名之為空觀。如能進一步徹悟諸法空相，就名般若，所以觀照也可以透顯實相，大智度論說：「未成就名空，已成就名般若。」般若能引發妙用，名為方便，善巧方便才能度生。「般若入畢竟空，方便出畢竟空」前者絕諸戲論，後者嚴土熟生。

三、文字般若：就是佛所說的經典，佛陀的言教也能展示般若精義，尤其是《大般若經》，更是直接展示般若的文字。而後世解說經典的論也算是文字般若，畢竟佛陀後世的行者可以依據經典契入般若智慧，雖然禪宗不立文字，但從釋迦拈花，迦葉微笑以來，禪宗心法所傳的揚眉瞬目、豎拂擎拳、搬磚砍柴、喝粥喫茶……，哪一樣不是文字般若？聞所成慧、思所成慧、修所成慧，前面聽聞、思維的階段莫不需要透過文字般若，才能進入修行階段，透過觀照般若，最後契入實相般若。

蕅益大師云：「實相般若，達此現前一念即實相。觀照般若，照此現前一念即實相。文字般若，顯此現前一念即實相。」「是故此心即三般若，三般若是一心。此理常然，不可改變，故名為經。」《華嚴經》說：「心佛眾生三無差別。」若能了達心、佛非一非異，眾生之心即是佛心，心佛兩者毫無差別，即是實相般若。若能觀照現前一念，雖是水上生波，但全波無不是水，凡有動念何不是實相，這就是觀照般若。文字般若則是顯示本體與照用，顯此當前一念即實相。

廣而說之，由聖教啟發清淨智，依解悟諸法皆空之理，是教也，名文字般若。若依法空無我慧，觀察覺照，所行與所解相應，是行也，名觀照般若。若自性虛靈不昧，徹悟法性無相，親證實相，是理也，名實相般若。文字是解悟，觀照是實踐，實相是體證。文字、觀照，是相似義，屬方便般若；實相，是真實義，屬究竟般若。

又般若有境、行、果：「境」為一切智，道種智，一切種智。「行」是照見諸法皆空，廣修六度萬行，自利利他之行。「果」是三身，四智。

「一切智」，是聲聞、緣覺了達諸法性空之理，所證的但空般若智。「道種智」，是菩薩通達種種道法，出假化導所證的般若智。「一切種智」，是諸佛於一切性相，事理、因果、染淨等，洞徹無遺，所證的大覺圓滿般若智。

三般若與三德、三因佛性、體相用相關內涵之會通：實相般若，在「三德」謂法身德，在「三佛性」謂正因理佛性，於「體相用」是體也，為觀照、文字之體。觀照般若，在「三德」謂般若德，在「三佛性」謂了因慧佛性，於「體相用」是用也，為實相、文字之用。文字般若，在「三德」謂解脫德，在「三佛性」謂緣因善佛性。於「體相用」是相也，為實相、觀照之相。

以唯識行而言，實相般若，即心之本體屬自證分；觀照般若，即心之妙用屬見分；文字般若，即心之勝相屬相分。三者一心中具，即一即三，即三即一，三者圓具不可偏離。

從四識轉四智論：

一、「成所作智」：轉有漏五識為無漏時，成就自利、利他妙業之智，能示現種種神通變化，成就本願力應所成辦之事，名成所作智。如來之現化身土及諸神通皆為此智之用。玄奘法師的《八識規矩頌》云：「圓明初發成無漏，三類分身息苦輪。」第八識圓明初發，轉為大圓鏡之一剎那，五根五識才能轉成無漏，五識轉為無漏，其所應作應斷應修的，皆已成辦，所以名為成所作智。如來化作三類分身，為三界九地、四生六道之眾生，息其生死之苦輪。

二、「妙觀察智」：轉第六識有漏為無漏時，通達一切諸法，善觀諸法之實相，得能為一切眾生應機說法之智，名妙觀察智。《八識規矩頌》云：「遠行地後純無漏，觀察圓明照大千。」遠行地，即十地中的第七地，遠行地後，指八九十地，修行至八地，轉為中品妙觀察智，到十地滿心，方轉為上品。在十地滿心金剛喻定現前時，大圓鏡智現起，名究竟位。在此位中，諸漏永盡，性淨圓明，第六識即轉成妙觀察智，故曰「觀察圓明照大千」。妙觀察智與成所作智即化身，文字般若也。

三、「平等性智」：轉第七識之有漏為無漏時，泯人我差別之相，成就諸法平等作用之智，能平等普利眾生，普濟一切有情，名平等性智。《八識規矩頌》云：「如來現起他受用，十地菩薩所被機。」第七識藉第六識綿密觀察斷執的力用，於三番轉，煩惱、所知二障，種子、現行俱盡，證得佛果究竟位，這時平等性智轉為上品。菩薩證得平等性智，不住涅槃，不住生死，進而隨順度化，示現各種不同的身相和國土，為十地菩薩眾，現大神通，轉正法輪，故曰「十地菩薩所被機」。平等性智即報身，觀照般若也。

四、「大圓鏡智」：轉第八識之有漏為無漏時，眾垢既盡，實相顯現，所得的一種智慧，光明映十方，普攝萬象，能轉凡夫依正有漏之身土，而成真常無漏莊嚴之身土，所具一切功德，如大圓鏡中應現一切色像，故曰大圓鏡智。《八識規矩頌》云：「大圓無垢同時發，普照十方塵剎中。」到十地滿心，於金剛喻定現前，剎那之間，二障種子斷盡，轉第八識為大圓鏡智，清淨無垢識亦同時生起，與圓鏡智相應，故曰「普照十方塵剎中」。大圓鏡智即法身，實相般若也。

接著談何名般若？為什麼叫般若？「般若定實相，智慧淺薄，不可以稱。」般若是實相，智慧不足以稱之。此為梵語，直接音譯成漢文。而般若何用？般若的作用就是讓眾生從迷轉悟，導萬行以入智海。也就是先解脫個人的生死輪迴，再度脫眾生脫離生死苦海，可以透過般若自利然後利他。那麼，般若誰屬？般若是三乘所共證，經中有說：「欲學聲聞地，當應聞般若波羅蜜；欲學辟支佛地，應聞般若波羅蜜；欲學菩薩地，亦應聞般若波羅蜜。」但是佛陀二轉法輪說般若是為發大乘者說，為發最上乘者說。可知般若空慧是三乘解脫生死不二法門。

波羅蜜多的梵語，意思是到彼岸，凡事做到圓滿就是波羅蜜，也就是佛經中說的「所作皆辦」，能夠達到這個境地的只有阿羅漢以上的證量才有可能，佛經上說：「我生已盡，梵行已立，所作已作，不受後有。」所謂「到彼岸」就是「度」，過渡到另外一邊，不是具象的此岸彼岸，而是無形的，也就是解脫，所以解脫可以是現世的、當下的，不待來生的、不是他方世界的。可以說是一種心念和心境的轉變。度的意思就是轉化，所以波羅蜜的現代語言是「轉念」、「轉境」。

這裡講到行深般若波羅蜜多的意思是，進行深妙的智慧空觀。十地菩薩分別修：布施、持戒、忍辱、精進、禪定、般若、方便、願、力、智。六地菩薩智慧已現前，所以稱現前地，目標在斷除「粗相現行之業障」，以除去「執有染著」之業障，證「無染淨真如」，般若波羅蜜雖然是六地菩薩專修，但智慧有不同層次的認知，每一地菩薩都必須深觀般若。

照見五蘊皆空

照見五蘊皆空，這句是指所觀的境。所謂五蘊就是色蘊、受蘊、想蘊、行蘊、識蘊。蘊是積聚的意思，也就是說人是由五蘊積聚而成，色蘊就是身體，受想行識是心理組成，所以五蘊就是指人的身心組合，一般說，人是由身心靈組合而成，靈的部分其實就涵蓋在識蘊之中，因此五蘊就是身心靈。

如果再細分，色蘊是物質組合，凡是有形體的，可以方圓長短或青紅赤白加以形狀的都是色法，眼睛可以看到的，稱為「可見可對色」；聲音、香味，眼睛不可見但卻可以聽聞的，稱為「不可見可對色」；第六法塵，例如想像的景物，「不可見亦不可對」的也是色法。此處的色蘊是指組成人身體構造的四大以及四大所造色。所謂四大是指地、水、火、風四種物質組成的元素。

在人而言，骨頭是屬於地大，血液、汗液、尿液、口水屬於水大，體溫是屬於火大，氣息和呼吸是屬於風大。四大再細分就是四大所造色，也就是構成四大的元素，再細分就是色聚，也就是物理學上的分子，再細分就是微塵，物理學稱為粒子。物理學從量子理論探究物質的本質，始終無法找到最小粒子，因為物質無論如何切割，總還有個東西，不論是稱他為J粒子還是夸克還是能量弦，佛家講到極微塵，最後則是講空性。就像「本際不可得」一樣，究竟物質亦不可得，萬法因緣生，本體是空性。

受蘊是感覺組合，一般稱為「感受」，有來自身體的和心理的因素，感受約分為苦受、樂受、捨受。讓心理感到不舒服，例如身體的病痛，看到、聽到、想到不喜歡的事，就會產生苦受；身體的愉悅，看到、聽到、想到喜歡的事，就會產生樂受；不苦不樂受就稱為捨受。人的感覺因境而來、因境而去，緣生緣滅，前一秒鐘歡笑，後一秒鐘可能悲從中來，本質上也是空性的。

想蘊是思維組合，當六根與六塵接觸時，所起的認識思維作用，或內心自起的聯想、分析、判別作用，都是想蘊；也就是對於「受」的進一步分別想像。經中說：「於境取像為性，施設名言為業。」即是透過六根對六塵的表象攝取，形成語言和概念的精神活動。

行蘊是行為組合，「行」的意思是行為、造作，當內心生起種種思維活動，動身發語化為行動，凡是「受」、「想」所不攝的都涵蓋在行蘊中，特別是指思想中的決定者、支配行為的意志者，含有流變無常的意思，所以說「諸行無常」，在心所有法中，除了受、想和二十四不相應行法之外，都屬於行蘊。

識蘊是了別組合，以心理活動為對象，把主觀化的「受」、「想」、「行」加以客觀化，於此客觀化的「受」、「想」、「行」，再生起「了別」認識作用。小乘佛教只有眼、耳、鼻、舌、身、意六識，大乘佛教還發展出第七末那識和第八阿賴耶識。

《阿含經》云：「佛告比丘：四大因、四大緣，是名色陰。所以者何？諸所有色陰，彼一切悉皆四大，緣四大造故。觸因、觸緣，生受、想、行，是故名受、想、行陰。所以何者？若所有受、想、行，彼一切觸緣故。名色因、名色緣，是故名為識因。所以者何？若所有識，彼一切名色緣故。」

從這一段的敘述，可知色蘊就是以地、水、火、風四大種為因緣；而受、想、行三蘊都是以「觸」為因緣。這「觸」就是六根對六境，產生六識，根境識和合所產生的一種覺觸作用，由此覺觸作用，再分別產生受、想、行三蘊，所以「觸」就是這三蘊的因緣。至於識蘊，它是以「名色」為因緣而成。「名」，就是指精神方面的受、想、行、識四蘊，而「色」就是指物質的色蘊了。經中有所謂的「四識住」，也就是我們一般凡夫的心識，會對色、受、想、行前四蘊攀緣愛著，隨增貪喜，而依住其處，分別稱為：色識住、受識住、想識住、行識住。因此，佛陀再細述五蘊的運作，以證明五蘊是空，其特色是：

一、五蘊無常：《雜阿含經》說：「色無常，若因、若緣生諸色者，彼亦無常。無常因、無常緣所生諸色，云何有常？如是受、想、行、識無常，若因、若緣生諸識者，彼亦無常。無常因、無常緣所生諸識，云何有常？如是，諸比丘！色無常，受、想、行、識無常。」所有的色法都是因緣生，因緣所生法的本質就是空性，都是無常的，受、想、行、識也一樣。

二、五蘊是苦：《雜阿含經》說：「比丘！於意云何？色為是常、為無常耶？」比丘白佛：「無常，世尊！」「比丘！若無常者，是苦耶？」比丘白佛：「是苦，世尊！」「比丘！若無常、苦，是變易法，多聞聖弟子寧於中見是我、異我、相在不？」比丘白佛：「不也，世尊！」受、想、行、識亦復如是。既然是無常，就會有苦迫。譬如人生無常，生之後有病、之後有老死，盡是一種苦迫。

三、五蘊不堅實：《雜阿含經》說：「色如聚沫，不可撮摩；受如水泡，不得久立；想如所夢，為虛妄見；行如芭蕉，中無有堅；識如幻

化，從顛倒起。三界不實，一切無常。」又說：「觀色如聚沫，受如水上泡，想如春時焰，諸行如芭蕉，諸識法如幻，日種姓尊說。周匝諦思惟，正念善觀察；無實不堅固，無有我、我所。」因為無常，所以不堅實，不可能恆常不變。

五蘊是人體的身心組合，佛陀在初轉法輪時，為破除我相說五蘊法，細觀五蘊的特相和自性，是苦、空、無常、無我。但是佛陀在二轉法輪講述般若時，則直指空性。《金剛經》說：「凡所有相，皆是虛妄，若見諸相非相，則見如來。」細究萬法卻空無所得，所以深觀五蘊的結果就是照見五蘊皆空。

北宋大文豪蘇東坡也是一位精研佛法的佛弟子，他與佛印禪師有好幾則精采對話為禪宗留下佳話，其中就有一則談及「四大本空，五蘊非有」，這一段對話，對於蘇東坡有很大的啟發。

有一天，佛印禪師上堂說法，蘇東坡匆忙間趕來參加，席中已經滿坐。禪師看到蘇東坡，說：「人都坐滿了，此間已無學士坐處。」蘇東坡馬上機鋒相對，回答說：「既然此間無坐處，我就以禪師四大五蘊之身為座。」

禪師不疾不徐地說：「學士！我有一個問題問你，如果你道得，我老和尚的身體就當你的座席，如果你道不得，那麼你身上的玉帶就要留在本寺作為紀念。」蘇東坡一向自信十足，心想哪有答不出來的道理？便答應了。佛印禪師就說：「四大本空，五蘊非有，請問學士要坐哪裡？」

蘇東坡一時語塞。色法是由四大所組成，我們的色身也是由地水火風四大因緣假合，四大本來是空，五蘊也非我所有，不能安坐於此。蘇東坡輸了，因此把玉帶留下，至今還留存於杭州金山寺成為鎮寺之寶。

以上是對五蘊空的理入，《楞嚴經》云：「理則頓悟，乘悟並銷；事非頓除，因次第盡。」如何在事功上契入「理」才是重點，而一般行者大都是在緣修資糧道上下功夫，以有為法東覓西尋，其實都是依於第六意識自我建構的心念與境界，本質上還是虛幻不實的，終也覓不得入處。一切有情皆因起惑造業而形成了自業，有貪嗔癡慢……等心念；共業，是與有情眾生、物質、環境……等的牽扯，這種種的心念、牽扯若不能消解，生死輪迴的戲碼是一直會重演。那要怎麼解除呢？經云：「隨緣消舊業，莫再造新殃。」首先要能隨緣消舊業，欠人的、該還的，要還，不圓滿的糾葛，要求其圓滿。「莫再造新殃」，爾後就不再造作了，不再去攀緣、求緣、造緣，那初步的心才能稍有安歇。

達摩大師云：「外息諸緣，內心無喘，心如牆壁，始能入道。」業緣消解了就切莫造新殃，在唯識學來說，即是不要再回熏種子於阿賴耶識，不然種子生現行，現行熏種子，人事物重重的牽扯、干擾、碰撞無有終日，要安下心來修行，那是不可能的。所以說圓滿的解決人世間自相、共相的因緣，止息了向外有所求的心念，才是入道的開始。

《心經》開宗明義：「觀自在」，就是其修行的入手處，能觀自心而得心自在。此「觀」在唯識修行五位來說，就是第二位的加行位，直接觀修四尋思觀：名尋思觀、事尋思觀、自性尋思觀、差別尋思觀，在歷緣對境中練習能看到自己的心念，看到自相、共相中種種的念頭與活動，並閱讀唯識學經典，初步的如《八識規矩頌》、《百法明門論》、《唯識三十論頌》等，於文字般若中契入「空」性，久之當會於觀行中看到空的本質，體證空義。觀行日轉功深自能冥合於空性，進而才有辦法斷除染分的心念與習氣等，這才是實修的下手處。

有能力觀心念的活動，契合於空性，並能斷粗的妄想、習氣……等基

本加行。「行深般若波羅蜜多時」觀行日轉功深，般若日益開顯，要「照見五蘊皆空、度一切苦厄」到達彼岸，才有個底蘊、入門處。接下來，體證真如自性，依真性主行，觀照五蘊、十二入、十八界，依次第遣除十二因緣、四諦之法相，最後破除權教菩薩的空執到證佛果，都是要以文字般若、觀照般若，止觀雙運契入實相般若，才得以成辦。《瑜伽師地論》卷第五十九：「修奢摩他故，修毘鉢舍那故，能斷煩惱。若諸相縛已得解脫，諸麤重縛亦得解脫，當言已斷一切煩惱。如世尊言：相縛縛眾生，亦由麤重縛，善雙修止觀，方乃俱解脫。」因此可見「觀」是《心經》修學的首要，也是一切入佛法實修的門檻。

度一切苦厄

一般在佛法中談到苦，似乎是人間的象徵，佛陀初轉法輪講四聖諦：「苦、集、滅、道」之理，開宗明義就是說明世間苦的現象，四法印中也談到諸漏皆苦。佛陀要闡述的是輪迴之苦，輪迴的苦就不限於人道眾生，還包括三界眾生，乃至十法界眾生。

在人世間有所謂的八苦：生、老、病、死、愛別離、求不得、怨憎會、五陰熾盛等八種苦惱。生老病死的苦是屬於身苦；愛別離、求不得、怨憎會是屬於心苦，五陰熾盛則是身心皆苦。

「生老病死苦」，大家耳熟能詳，六道的生命是分段的，所以稱為分段生死，有生必有死，生未必是開始，死也未必是結束，但因為人不了知真相，所以對生感到喜悅，對死感到悲傷，生死的過程中則是無限的痛苦。人道中最為痛苦的莫過於生病和老化，在醫院裡看得最清楚，各種不同的病症，有生理的、心理的，有急性的、慢性的、突發的，人老了、病了，都是不堪折磨的事，生一場大病或是面臨死亡的人，對於未知的恐懼，是一種巨大的苦。朋友臉書上和line上流傳最多的就是養生之道和健康之道，各式各樣的資訊五花八門，不外乎如何能永保安康，說明了人們

對於病苦、老苦、死苦的恐懼。佛家教導我們如何修身、過儉樸生活、看淡世情、放下我執，目的就是讓我們減少面對老、病、死的煩惱痛苦。

所謂的「愛別離」不外乎親人、愛人的生離死別，越是不捨的人越是會離你而去，在即將分別的剎那，萬般難捨，在告別式的場合中就顯而易見，往往都是一把鼻涕一把眼淚。至於愛人之間的別離也是人間至痛，陸游和唐琬、羅密歐與茱麗葉的愛情故事傳唱千古，就是因為愛別離苦讓人感同心受。愛別離之所以讓人痛苦，就是源於自身的執著，對於自己所摯愛的人、事、物難以割捨。修行就是要看穿世間萬法無常，沒有一個人、一件事、一個東西是你可以天長地久擁有的，所以很多東西僅止於欣賞，不必要擁有，即使失去了也不必傷心難過，這是事理的必然。

「怨憎會」當然也是一種煩惱，所謂怨憎會是說你越是覺得怨懟的人、憎恨的人越是會和你常相會，一般說「不是冤家不聚頭」就是這個意思。其實，也不是因為冤家聚頭，而是因為人的習氣對撞所致。人與人相處久了，自己的習氣就會顯露，別人也有別人的習氣，對撞的機會相對就多。不常相處的人久久就見面一次，大家客客氣氣，隱藏自己的習氣，所以同學二十年、三十年後聚首，相見歡，有回味不完的往事、道不盡的別後心聲。家人、同事每天見面，能夠不吵上一架或有結在心頭，基本上很難。而我們在日常生活中和這些人相處，一方面是幫助我們看清楚自己的習氣，在每個當下革除，另一方面則是要化解冤家成為善緣，所謂廣結善緣的第一步，就是針對這些生活周遭的親朋、好友、同事，如果連他們都不能相處，要如何和其他人結善緣，又要如何度眾生？

「五陰熾盛苦」，前面已經講過五蘊，五陰就是五蘊，五陰熾盛就說五蘊的運作造成我們身心的煎熬。老子早說過，「吾之大患在吾之有身」，因為這個身體造成我們很多的煩惱，肚子餓了要吃、冷了要穿、病了要醫，為了照顧好這個身體，使人不得自在。除了身體的還有心理的，要滿足自己的面子、自尊、榮譽，要經常維持形象，甚至做一些自己不想做的事。「寵辱若驚，貴大患若身」即此意也。解脫五陰熾盛的方法就是修習止觀，透過禪定至四禪天、四空天，進入涅槃狀態，就沒有人道的五陰熾盛苦。但是禪定不究竟，還必須修觀，了知實相，或是透過菩薩道修行六度的大心，超出三界，究竟解脫煩惱痛苦。

三界的苦則概分為三種：苦苦、壞苦和行苦。所謂三界是指欲界、色界、無色界。《法華經》中有說：「三界無安，猶如火宅，眾苦充滿，甚可怖畏。常有生老病死憂患，如是等火，熾然不息。如來已離，三界火宅，寂然閒居，安處林野。」即使已經超越人道，進入天道，在色界和無色界天，依舊有苦，天人五衰要墮落時痛苦不堪。在三界之中就好像在失火的住宅一般，必須趕緊逃離。苦苦可蓋括五趣之苦，即人、修羅、畜生、餓鬼、地獄五道眾生所受的苦；壞苦是指欲界六天和色界四禪天人所受的苦；行苦是指無色界四空天人所受的苦。

「苦苦」是指人等五趣身心遭受的痛苦，身體遭到刑杖或是肉綻骨折，都會不堪其痛，病苦的折磨就是身苦的一種。還有心苦，心裡有不痛快的事、不如意的事，都會煩惱不已，心裡遭受痛苦有時更折磨人。凡是在六道之中輪迴都會遭受苦苦，這是指欲界的苦。

「壞苦」是指變易的苦、無常的苦。譬如世俗人都喜歡追求財富、名利、愛情，還沒追求到的時候是苦，求不得苦；追到的時候，享受短暫的快樂，很快就失去，即使長時間擁有也會變質，原來的快樂消失了；失去之後更是苦。這種變異的苦，即使是擁有短暫的快樂，這快樂也如同刀上舔蜜一般，隱藏著變異的苦。如同愛斯基摩人獵北極熊一般，把海豹血倒入水桶，再將一把匕首插入血液中，在低溫的氣候下結成冰塊，倒出來丟在雪地中，北極熊聞到血腥味，大老遠跑來覓食，開始舔食冰塊，舌頭一則因為冰、一則已被匕首割破，漸漸麻痺而不知，越舔越起勁，最後血的味道變成溫熱新鮮的，不久就昏厥了，獵人不費吹灰之力將牠抬了回家，人類追求短暫的快樂，就如北極熊刀上舔蜜一般。壞苦通常是指色界的苦。

「行苦」是講無明造作的苦，這是一種根本迷惑以及因迷惑所造業帶來的苦，無明造成輪迴，輪迴不得出離是一種苦，即使是天人，在福報享盡之後仍要輪迴，天人五衰相說明了天人的行苦。行苦不只是今生受苦的根本，也是未來受苦的原因。事物剎那變化是無常，變化的剎那也埋藏了毀壞的因，這是行苦的本質，這是指無色界的苦。因此不論在欲界、色界、無色界，都不會有永恆的快樂。

依前面所述，凡夫被見思二惑所蒙蔽，於五蘊、十二入、十八界，而起我執，招來分段生死的苦惱。二乘被塵沙煩惱所蒙蔽，於四諦、十二因緣起偏空法執；權教菩薩被無明煩惱所蒙蔽，於六度起幻有之法執，招來變異生死苦。今菩薩行深般若觀智，不僅照見五蘊皆空，就是四諦、十二因緣以及六度萬法，無不當下一一照見皆空，由於人空、法空故，一切煩惱也就止息。行者知苦，當觀「苦」本無，自性空，進之離苦、斷苦。

梁武帝時代的寶誌禪師寫過一篇《醒世歌》，對於人生的忙碌寫得透徹，到最後都是竹籃打水一場空。這當然是對於空性的透徹了解，知道人對於名利的追逐終究是南柯一夢。人生的苦也多半是自己招來的。《醒世歌》是這麼寫的：

南來北往走西東，看見浮生總是空。
天也空來地也空，人生杳杳在其中；
日也空來月也空，來來往往有何空；
田也空來地也空，換了多少主人翁；
金也空來銀也空，死後何曾在手中；

妻也空來子也空，黃泉路上不相逢。
大藏經中空是色，般若經中色是空；
朝走西來暮往東，人生恰是採花蜂；
採得百花成蜜後，到頭辛苦一場空。
深夜聽得三更鼓，翻身不覺五更鐘；
仔細從頭思想起，便是南柯一夢中。
不信但看桃李樹，花開能有幾時紅；
直饒做到公卿相，死後還歸泥土中。
身歸泥土氣隨風，一片頑皮化臭膿；
敗壞不如豬狗相，何不當初問誌公。
生有一時死無二，休向人前誇伶俐；
在生置得萬頃田，死後只得三步地。
寬有八尺長丈二，仔細思量真個是；
若人死後帶得去，誌公與你親書契。

心字笑呵呵，工夫不用多；
一勾如月樣，二點似偏頗。
禽畜皆由此，成佛也是他；
世人高著眼，半點亦無差。

舍利子

在佛經中總有一位向佛陀提問的人稱為當機，他是在法會中，代替大眾提問的代表，具有相當的代表性，例如《金剛經》的當機者是須菩提，《楞嚴經》的當機者是阿難，《阿彌陀經》的當機者為舍利弗，也就是舍利子，這部《心經》的當機者也是舍利子。在般若部的經典中，因為般若代表智慧，因此多以智慧第一的舍利子當機。《楞伽經》的當機者是大慧，這是漢譯，也是舍利子的名字。

佛陀十大弟子各有所長，迦葉尊者頭陀第一、阿難多聞第一、舍利子智慧第一、目犍連神通第一、須菩提解空第一、羅睺羅世密行第一、富樓那說法第一、優婆離持戒第一、阿那律天眼第一、迦旃延議論第一。

舍利子是佛陀十大弟子當中智慧最高者。《增壹阿含經》〈八難品〉說：世尊告曰：「我昔亦有弟子名舍利弗，智慧之中最為第一，如大海水縱橫八萬四千由旬，水滿其中；又須彌山高八萬四千由旬，入水亦如是。然閻浮里地，南北二萬一千由旬，東西七千由旬，今取較之，以四大海水為墨，以須彌山為樹皮，現閻浮地草木作筆，復使三千大千剎土人民盡能書，欲寫舍利弗比丘智慧之業，然童子當知，四大海水墨、筆、人之漸漸命終，不能使舍利弗比丘智慧竭盡。如是，童子！我弟子之中智慧第一，不出舍利弗智慧之上。」

舍利子即是舍利弗，玄奘法師翻譯為舍利子，他出生於古印度摩揭陀國，離王舍城不遠，他的父親提舍是婆羅門教中的著名論師，他從小聰穎，善於辯論。有一說，他在娘胎的時候就善於辯論，他母親在還沒懷孕之前，經常和哥哥摩訶拘絺羅辯論，都講不過他，但是自從懷了舍利弗之後，辯才無礙，哥哥怎麼辯都辯輸她，摩訶拘絺羅斷定妹妹肚子裡懷的孩子是個有大智慧的人。

舍利子和目犍連開始是跟著外道沙然梵志修行，師父死了之後，有一天他在路上遇到馬勝比丘，也就是阿說示尊者。看到這個比丘行止端莊，問他跟什麼人學，馬勝比丘說跟佛陀學法，舍利弗問佛陀都說些什麼法，馬勝比丘說：「諸法因緣生，諸法因緣滅；我佛大沙門，常作如是說。」一聽到這個因緣法，舍利弗就心有所悟，和目犍連領著兩百徒眾皈依佛陀去了。

佛陀在竹林精舍為他們剃度，舍利弗出家後，在七天之內聽聞了佛陀說業界處和四念處的修法，就通達法藏，證得聲聞波羅蜜，所以稱為智慧第一。不論在聽聞佛法或是指導同修上，舍利弗都展現了智慧、寬容、慈悲的特質。由於阿說示尊者的引薦，終其一生，只要住在同一寺院，舍利弗總在禮拜世尊之後，禮拜阿說示尊者。

佛陀將要入滅那年，他們從毗舍離回到祇園精舍，舍利弗進入四禪定，出定後思索，「過去諸佛是先於弟子入涅槃，還是大弟子先於佛陀入涅槃？」他發現是大弟子先入涅槃，而且知道自己的生命只剩下一星期，為了度自己的母親脫離邪見，他決定在自己出生的地方摩揭陀國的那羅村入滅。於是他先請求佛陀准許他入滅，佛陀請他對僧團的弟兄們開示法義，他從勝義諦說到世俗諦，又從世俗諦說到勝義諦，說法後頂禮佛陀雙足，說：「世尊，如果我過去的言行有讓您不悅的地方，請原諒我，現在是我離開的時候了。」佛陀說：「舍利弗，去做吧！在你覺得合適的時候就去做吧！」此時大地震動，烏雲布雨。尊者合掌作禮而去。

舍利弗離開佛陀回到故鄉見到母親，並向母親說法，母親證到初果後，他集合陪他返鄉的師兄弟，問他們：「和你們一同遊行了四十四年，是否曾經在言行上觸惱你們？請原諒我。」比丘們回答：「尊者，您一點也沒有觸惱我們，請寬恕我們的錯。」接著尊著右脅而臥，次第進入九次第定，從初禪到四禪，進入四禪時，就入涅槃了。

當他的侍者純陀把他的衣缽帶回祇園精舍後，阿難傷慟逾恆，佛陀說：「阿難，凡有生、住，由因緣和合而成的事物，就會有消散的時候，怎會不分離呢？這是不可能的。阿難，當以自己為依怙，不要找外在的庇護；以法為島嶼，以法為依皈，不要以其他事物為依皈。」

之後佛陀讚嘆舍利弗說：「看哪！這就是大智慧者的遺骨，他少欲知足，喜歡獨處，不愛成群結黨，充滿活力。他是同修者的善知識，這就是他的遺骨。」之後世尊與比丘們到王舍城，目犍連尊者也已經圓寂了，世尊也以同樣的方式接受了他的舍利骨，而且為兩人建了塔。

色不異空，空不異色；色即是空，空即是色

「色不異空，空不異色；色即是空，空即是色。」這四句話在佛法中即所謂的「甚深四句義」，分為四句來說是有深意的，主要目的在遣除執著。首先談「色不異空，空不異色」，這個「異」字可以做「差別」解，也可做「離」解，不異就是沒有差別、不離之意。色法是指宇宙萬有的現象，一切的物質組成，空則表示沒有堅固、恆常不變的自性。

在《大般若經》中，把「色不異空」，直接寫成「色不異本性空」，這裡所謂的「空」就是指「本性空」，本質上是空性的，沒有實體的。若離開本性空，則無有一法是實、是常、可壞、可斷，本性空中亦無一法是實、是常、可壞、可斷。凡所有相皆是虛妄，所以，離開空性，也就沒有一法是實存的、是常在的，都是可以壞滅、斷絕的，也就是一般所說的，都會經過「成、住、壞、空」的過程。

舉例而言，水是由二個氫分子和一個氧分子結合而成（H_2O），水離不開這兩種元素，這兩種元素也和水無二無別。水可以看到、摸到，氫氧分子卻無法感覺到，氫氧分子的本質就是空性。色法和空性是一體的兩面，色法之外沒有別的空性，空性之外沒有別的色法。色法分明顯現，是緣起的假象；空性則是緣生無性。

再舉水中月為例，水面上出現月亮的倒影，這個月影是空性的，不是實體的月亮，但是又具體呈現出月影的色法。沒有天邊的月亮，就沒有水中的月影，所以說色不異空。月影的出現是緣起，它的形象無異於天邊的月亮，所以說空不異色。

「色即是空，空即是色」，色法在勝義諦上是自性本空（水即是H_2O），空性在世俗諦上顯現色法（H_2O即是水）。月影是空性，水面沒有真的月亮，所以說色即是空；因為水面本來是空的，正好有月亮投射而呈現了月影，所以稱為空即是色。

這四句義主要是說明「緣起性空」與「性空緣起」的道理。緣起假象是色，緣生無性是空。色雖分明顯現但無實體，故說色不異空；雖無實體但卻具體呈現，故說空不異色。不是色法滅後才空，也不是不空之後才出現色法，它是一體兩面。智者可以看出存在的當下就是幻相，幻相就是心的造作所呈現，不會被魔術師所蒙蔽，所以說色即是空，空性是一切色法的本體，所以說空即是色。

大珠慧海禪師的《頓悟入道要門論》有一段：「問：即色即空，即凡即聖，是頓悟否？答：是。問：云何是即色即空，云何是即凡即聖？答：心有染即色，心無染即空；心有染即凡，心無染即聖。又云真空妙有故。即色，色不可得故；既空，今言空者，是色性自空，非色滅空；是空性自色，非色能色也。」就是說明「色即是空，空即是色」的道理。

《中論》說：「未曾有一法，不從因緣生；是故一切法，無不是空義。」前兩句是緣起，後兩句是性空。「以有空義故，一切法得成；若無空義者，一切法不成。」前兩句是「緣起即性空」，後兩句是「性空即緣起」。《大般若經》說：「菩薩摩訶薩行深般若波羅蜜，不應於色求，不應於受想行識求，不應離色求，不應離受想行識求。」因為「不異」，所以能離一切相；因為「即是」，所以能即一切法。

「緣起性空」是說明破除一念無明，是聲聞緣覺的行果；「性空緣起」則是藉假修真，是菩薩入廛垂手的行果。凡夫不知緣起性空的道理，故用空觀照之，了達諸法空性，故說色不異空，這是攝用歸體。二乘聲聞緣覺行者，我執已破，空執未破，故說空不異色，這是從體起用。權教菩薩雖能入空，出假度生，為入空時認為有理有證，出空時認為有生可度，

這是一種度生的執著，《金剛經》：「如是滅度無量無數無邊眾生，實無眾生得滅度者」，就是要破除度生的執著，「何以故？若菩薩有我相、人相、眾生相、壽者相，即非菩薩。」入道時不著空，度生時不著相，也就是中道義：色即是空，空即是色。

甚深四句義的另一個法要就是離四句，要讓眾生理解，不能執著「有、空、亦有亦空、非有非空」任何一邊。「色不異空」是破除有見，「空不異色」破除空見，「色即是空」破除亦空亦有見，「空即是色」破除非空非有見。《入楞伽經》的離四句義說：「觀一切法離四句不可得。四句者，謂：一異、俱不俱、有非有、常無常等。我以諸法離此四句，是故說言一切法離。」離此四句義，就能離一切法，即一切相。

受想行識亦復如是

色是色法，受想行識是心法。這裡亦復如是就是在解釋上省略了。原意應該如此：「受不異空，空不異受，受即是空，空即是受。」「想不異空，空不異想，想即是空，空即是想。」行、識兩蘊也是一樣。雖然心理現象不同於物質現象，但緣起性空、性空緣起的道理是一樣的。感受或是意念其實都是緣起法，也都是心所變現出來的東西，因緣和合而起，當體即空。「亦復如是」亦是顯不二法，一切事相都是從本心所現而有的，並無實性，唯是一心。

有關甚深四句義，在《大般若經》中有更完整的敘述，卷第三百八十九卷〈初分不可動品第七十之四〉文曰：「善現！以色不異本性空，本性空不異色，色即是本性空，本性空即是色；受、想、行、識不異本性空，本性空不異受、想、行、識，受、想、行、識即是本性空，本性空即是受、想、行、識。」

「何以故？善現！離本性空無有一法是實、是常、可壞、可斷，本性空中亦無一法是實、是常、可壞、可斷，唯諸愚夫迷謬顛倒起別異想，謂執色異本性空，或執受、想、行、識異本性空。」「善現！是諸愚夫執諸法異本性空已，不如實知色，不如實知受、想、行、識。由不知故便執著色，執著受、想、行、識。由執著故便於色計我、我所，於受、想、行、識計我、我所。由妄計故著內外物，受後身色、受、想、行、識，由此不能解脫諸趣生老病死愁憂苦惱，往來三有輪轉無窮。」

《大般若經》卷第四百三卷〈第二分觀照品第三之二〉文曰：「舍利子！諸色空，彼非色；諸受、想、行、識空，彼非受、想、行、識。何以故？舍利子！諸色空，彼非變礙相；諸受空，彼非領納相；諸想空，彼非取像相；諸行空，彼非造作相；諸識空，彼非了別相。何以故？舍利子！色不異空，空不異色，色即是空，空即是色；受、想、行、識不異空，空不異受、想、行、識，受、想、行、識即是空，空即是受、想、行、識。」

是諸法空相

上文說明色空不二道理是為了遣除執著，現在進一步直顯諸法的體性。「是」的意思是「這個」，這個諸法空相的意思就是以下解釋的「不生不滅、不垢不淨、不增不減」。是遣除諸法後而顯露之本相。

諸法是指五蘊、十二入、十八界、四諦、十二因緣等，泛指一切法；空相意指真空實相，亦即諸法的實相是空性的，在表相上諸法是有的，在實相上諸法是空的。《般若經》的甚深義理就是空性，就是涅槃。涅槃的體證沒有主觀客觀、能所、人我的對立；佛陀二轉法輪的開示，就是要在這樣無二無別的甚深體會中，觀一切法，「一切法本空」、「一切法本不生滅」、「一切法離垢」即此衍生而來。

然而什麼是真實的「空性」？怎樣才算是入「空性」與菩薩地同分

呢？一般而言，尚未入加行實修之行者，對空的理解還是屬於文字般若解悟的階段，是依空的法義為所緣，以第六識心而建構的一種認知，是緣法義所顯的空，在本質上是未真見空性的，還是想像出來的空。如碰到相關的煩惱起現時，即會依所知法義空的理解去做對治，像《金剛經》謂：「凡所有相皆是虛妄，若見諸相非相，即見如來。」會從腦海裡提出來對治，或以行善、拜懺、念佛、持咒……等來作所依，這就是緣修法，只是暫時的釋心而已，對阿賴耶識的煩惱種子動都沒動到一下，又怎能去煩惱而體證空性？

《八識規矩頌》云：「變相觀空唯後得」，這即是觀照般若體證「空性」實修的階段，也是《心經》的下手處。阿賴耶識從無始劫來累積了無量的業種子，這豈是一生一世所能解決的？依唯識修學的次第而言是需要三大阿僧祇劫。「變相」主要是改變種子的心相，所以直接從「變相觀空」來修，依觀諸法本空的認知，於所面對的一切境緣，歷事練心來改變自內相分。如欠人一百萬，其共相心念的牽扯、糾纏，不但造成雙方諸心所煩惱的碰撞、衝突，甚至會產生無法彌補的憾事，它是相續因緣輪迴的一種勢力，所以唯一的辦法就是還債，能圓滿解決了，內心不再憂慮不安，外境也不再紛紛擾擾，就是對自心內外相分糾葛的「變相」。過程中要先解粗顯的業緣，並對其中心念的遷流，「觀」畢竟是虛妄的，遇境似有，境滅還無，這就是「觀空」。事過了無痕，不再去抓，不再回熏諸種子因緣於藏識，就是「入空」。如是念念都能依此實際觀修，解除心中的過患，識知心念的虛幻性，並對世間的一切漸漸的能放下，隨而滅滅相應於阿賴耶識的煩惱種子，等到見思惑的種子清完了，就是入菩薩同分地的「空性」。此「空性」即是「唯後得」後得智，是菩提起用的實智。

《華嚴經》云：「假使百千劫，所作業不亡；因緣會遇時，果報還自受。」所以修行佛法，第一就是清種子，阿賴耶識倉庫裡一大堆的煩惱業流種子，不向外清乾淨，因緣會遇時，種子起現行，故事又重演了，果報還自受，這就是輪迴。解悟行者如古董商，以豐富的經驗與知識，收購了一大倉庫的骨董、寶物，雖沒有什麼不好，但越積越多，相對的心念、煩惱也越多，要怎麼收藏、分類、保養、買賣……等，沒完沒了。觀行實修者，則如看開了的古董商，願意將倉庫裡的寶物割捨，一件一件的隨因緣出清，清空了才知道，獲得的不只是財富，心靈的空間也變得更加的自在寬廣了。所以說，空性的智慧，不是要修什麼大法，找什麼大師，誦什麼大咒，做多少功德，而得成辦的。是必須於日常生活中觀行解業緣，斷諸牽扯糾纏的習氣、毛病等，並閱讀大乘經典，入佛知見，進而斷除阿賴耶識倉庫裡的現行、隨眠等諸妄習種子，才是《心經》的修行道次第。

《六祖壇經》云：「佛法在世間，不離世間覺；離世覓菩提，恰如求兔角。」這世間就是自心所現的業場，證菩提別無他處，要解決一切的惑、業、苦，只有將修行與現實生活中捆在一起打，願意改變業場，解行並進，才有可能證得煩惱與菩提不二，所謂：「法法是心，塵塵是道。」

業場清靜了，則心清淨，心淨則國土清淨，淨而非淨，是諸法空相。

《大般若經》第五百三十六卷〈第三分佛國品第三十之二〉中說，「一切法皆無自性，無性故空，空故無相，無相故無願，無願故無生，無生故無滅。由此諸法本來寂靜、自性涅槃，如來出世、若不出世，諸法法性法爾常住。」

不生不滅、不垢不淨、不增不減

諸法空相，萬法在相上是空性的，在本體上是如如不動的。它本自不生，所以不是在般若照見之後始生，它本自不滅，也不是在般若照見之前是斷滅的；真如本性亦非可染使其垢，可治使其淨的。有人形容自性就像太陽一樣光明、遍照、無染，雖然前面可能有烏雲蔽日，那只是人站在烏雲面前看不到陽光，但烏雲無法覆蓋太陽，太陽本自如如，不垢不淨。自性本自圓滿，不會因為你修證之後有增，沒修之前有減，所有一切眾生其

自性相同，所謂「在聖不增，在凡不減」，不會因為修不修而有差別，正是所謂「心、佛、眾生三無差別」。

《法華經》說，「諸佛世尊，為以一大事因緣故，出現於世。」要為眾生開佛知見、示佛知見，要讓眾生悟佛知見、入佛知見，所以世尊到世間來應化。什麼是佛知見？北宗戒環大師的《法華要解》說：「佛知見者，徹了實相真如真見也。在法名一佛乘，在因名一大事，在果名一切種智，故曰諸佛因一大事故出興，為一佛乘故法，欲令眾生開佛見知，而究竟皆得一切種智也。此真知見，生佛等有，本來清淨。唯人以妄塵所染，無明所覆，而自迷失。」佛陀應化世間，就是要開啟眾生的清淨自性。

而這清淨自性的特性，六祖惠能說得很透徹，六祖聽到「應無所住而生其心」之後，悟到「一切萬法不離自性」，然後說出這一偈：「何期自性本自清淨！何期自性本不生滅！何期自性本自具足！何期自性本無動搖！何期自性能生萬法！」自性也就是佛性，人人本有，它本來清淨、不生不滅、一切圓滿具足，不曾受外境動搖，而且能生起萬法，也就是空生妙有。惠能此話一出，弘忍立即印可他已經見性無誤。惠能說的正是契合《心經》的：「是諸法空相，不生不滅、不垢不淨、不增不減。」

大珠慧海禪師《頓悟入道要門論》有曰：「問：經云：不生不滅。何法不生，何法不滅？答：不善不生，善法不滅。問：何者善，何者不善？答：不善者是染漏心，善法者是無染漏心，但無染無漏，即是不善不生；得無染無漏時，即清淨圓明，湛然常寂，畢竟不遷，是名善法不滅也，此即是不生不滅。」無染無漏即是不生不滅。

馬祖道一禪師也說：「森羅萬象，一法之所印；凡所見色，皆是見心；心不自心，因色故有。汝但隨時言說，即事即理，都無所礙；菩提道果，亦復如是。於心所生，即名為色；知色空故，生即不生。若了此意，

乃可隨時著衣喫飯，長養聖胎，任運過時，更有何事？汝受吾教，聽吾偈曰：心地隨時說，菩提亦只寧，事理俱無礙，當生即不生。」

入佛知見有一公案。楚泉禪師參見赤山法祖。一日祖問曰：「法華開示悟入佛知見，歷代祖師各有開示。但皆是各位祖師自己的，非關子事。今欲子從自己胸襟中道將來，如何開示悟入佛知見？」師無語。祖歎曰：「如是參禪，只是徒喪光陰，有何益處？」罰令跪參。連參三枝香，聽維那打開靜板響，忽然省悟！祖考問曰：「如何開佛知見？」答曰：「開出本有。」進問曰：「如何示？」答曰：「示出本無。」再問曰：「如何悟？」答曰：「悟無有無。」更問曰：「如何入？」答曰：「入出無礙。」

開出本有即「一空一切空」，表本有之自性理體，人人本具。示出本無即「一有一切有」，示一切心用事相契入空性，皆了不可得。悟無有無即「一切亦空一切亦有」，是說唯是一心，空有不二之本懷。入出無礙即「一切非空一切非有」道在本體空寂中，菩提自性寂照互顯，語默動靜皆自在無礙也。

祖於高興之餘，繼點月霞云：「月霞，你試道看，怎麼開示悟入？」月霞不假思索，應聲云：「我借楚兄的四句答話用一用。」祖云：「怎麼借用？」霞云：「開出本有是理法界，示出本無是事法界，悟無有無乃理事無礙法界，入出無礙係事事無礙法界。」祖大聲讚云：「好！比楚泉尤較些子。這裡不枉是選佛場，今天一下子選出了兩尊佛。」

另有一則公案，趙州問師父南泉：「如何是道？」南泉云：「平常心是道。」趙州云：「還可趣向不？」泉云：「擬向即乖。」趙州云：「不擬爭知是道？」泉云：「道不屬知不知。知是妄覺，不知是無記。若真達不疑之道，猶如太虛，廓然蕩豁，豈可強是非也！」趙州於言下頓悟玄旨，心如朗月。南泉說的「猶如太虛，廓然蕩豁」就是不生不滅、不垢不淨的自性，也就是道的本質。

是故空中無色、無受想行識，無眼耳鼻舌身意，無色聲香味觸法，無眼界乃至無意識界

《大般若經》卷第四百三卷〈第二分觀照品第三之二〉對這一段說得更完整：「舍利子！是諸法空相，不生不滅，不染不淨，不增不減，非過去非未來非現在。如是空中無色，無受、想、行、識；無眼處，無耳、鼻、舌、身、意處；無色處，無聲、香、味、觸、法處；無眼界、色界、眼識界，無耳界、聲界、耳識界，無鼻界、香界、鼻識界，無舌界、味界、舌識界，無身界、觸界、身識界，無意界、法界、意識界；無無明亦無無明滅，乃至無老死愁歎苦憂惱亦無老死愁歎苦憂惱滅；無苦聖諦，無集、滅、道聖諦；無得，無現觀；無預流，無預流果；無一來，無一來果；無不還，無不還果；無阿羅漢，無阿羅漢果；無獨覺，無獨覺菩提；

無菩薩，無菩薩行；無正等覺，無正等覺菩提。」

所以在空性的本體之中，沒有五蘊法、十二入法、十八界法。用意就是要告訴小乘弟子們破除凡夫的我相之後，不要執著於小乘的無我相。在阿含道中，佛陀告訴弟子，五蘊如實知、如實斷，六入處如實知、如實斷，十八界如實知、如實斷。進一步了知五蘊法、六入觸法、十八界法皆空，了不可得。

佛陀透過「七處善、三種觀義」如實知五蘊、十二處、十八界法。阿含經中：「比丘，若於空閑、樹下、露地，觀察陰、界、入，正方便思維其義，是名比丘三種觀義。」如實觀察蘊、處、界，就是三種觀義。

七處善就是以七種方式逐一觀察五蘊、十二處、十八界的苦、集、滅、道、味、患、離。《阿含經》說：「比丘！如實知色、色集、色滅、色滅道跡、色味、色患、色離，如實知。如是，受、想、行。識、識集、識滅、識滅道跡、識味、識患、識離，如實知。」

首先講五蘊如實知，因為五蘊熾盛苦，所以對五蘊要如實知道它的本質、過患以及如何離開它的苦。「云何色如實知？諸所有色，一切四大及四大造色，是名色，如是色如實知。云何色集如實知？於色喜愛，是名色集，如是色集如實知。云何色味如實知？謂色因緣生喜樂，是名色味，如是色味如實知。云何色患如實知？若色無常、苦、變易法，是名色患，如是色患如實知。云何色離如實知？若於色調伏欲貪、斷欲貪、越欲貪，是名色離，如是色離如實知。」

「若沙門、婆羅門於色如實知、如實見，於色生厭、離欲，不起諸漏，心得解脫；若心得解脫者，則為純一；純一者，則梵行立；梵行立者，離他自在，是名苦邊。受、想、行、識亦復如是。」也就是透過對於五蘊如實知，而生厭、離欲、心解脫。

其次講六入、六處。眼耳鼻舌身意是內六入，色聲香味觸法是外六入，兩相結合生出不同的認知，即眼識、耳識、鼻識、舌識、身識、意識。佛陀在《阿含經》也是講六入處如實知。《雜阿含經》說：「諸比丘！若於眼如實知見，若色、眼識、眼觸、眼觸因緣生受。內覺若苦、若樂、不苦不樂如實知見。見已，於眼不染著，若色、眼識、眼觸、眼觸因緣生受。內覺若苦、若樂、不苦不樂不染著。不染著故，不相應、不愚闇、不顧念、不繫縛，損減五受陰，當來有愛、貪喜、彼彼樂著悉皆消滅。身不疲苦，心不疲苦，身不燒，心不燒，身不熾然，心不熾然，身覺樂，心覺樂。身心覺樂故，於未來世生老病死、憂悲惱苦，悉皆消滅。如是，純大苦聚陰滅。」對於眼見色所生起的觸、受如實知，不染著，如是知、如是見，修習八正道滿足，就能解脫。

眼耳鼻舌身意，色身香味觸法，名為十二處，總說就是五蘊。眼耳鼻舌身是色蘊，受想行識四蘊是意，合為六根，外境色聲香味觸法是為六塵。「法」一切事物皆稱為法，是自內心所緣的境界。這些境界實際是前五塵留落的影子，名為法塵。前五塵空，它們的影子法塵亦空，五蘊空了，那意也就空了。所以說「無眼耳鼻舌身意，無色聲香味觸法」。六根加六塵，互相起連結，稱為十二入，十二入皆空。《金剛經》云：「須陀洹名為入流，而無所入，不入色聲香味觸法，是名須陀洹。」即是指已證解脫道，斷「我見」之初果人。禪宗的破色身，藏教的初果，通教的見地，別教的斷現行我、法二執，就是先證前五塵空。

無眼界乃至無意識界，謂十八界皆空。界是界限，區別，種類。眼等六根成六界，色等六塵成六界，眼識到意識是六識成六界，共十八界。其中能取是六根，所取是六塵，根塵和合起六識。所以依眼根了別色塵是眼識，依耳根了別聲塵是耳識……，身根了別觸塵是身識，依意根了別法塵是意識。六根六塵六識就稱為十八界。

「無眼耳鼻舌身意」，內六根無。「無色聲香味觸法」，外六塵無。「十二入」都無。根塵都沒有了，識又從何發起，所以十八界也空。「人我」之五蘊、十二入、十八界皆空，我及我所緣境，一切皆無。在真實的法性中，十八界都是虛妄所顯之相。第六識分別一切善惡、是非、好壞、美醜。末那識執我，恆執第八識種子為我。第八識稱為藏識、阿賴耶識，貯存一切種子。眼耳鼻舌身相當於相機的鏡頭，把外境攝收進來，由第六識第七識傳達到第八識，阿賴耶識將之貯存，這就是種子。

《八識規矩頌》云：「受薰持種根身器，去後來先作主公。」人死的時候，四大壞散，眼耳鼻舌身漸漸沒有作用，第六識不起功用，第七識也不行了，最後第八識從身體離開，所以說「去後」最後走，這就是死。所以人死時會化現很多的念頭、影像，今生、前幾生所做，都有可能會化起。投胎時，中陰身妄執第八意識種子所現起的幻化之相，依業種所趣，準備下一世的輪迴，是由第八意識先來入胎，當精子、卵子結合而受精卵發育時神識即注入，所以說「去後來先作主公」，主公是主宰義，是人，生死的主宰。一個人薰習造作了什麼樣的種子，就是將來必須承受的我，以種子為因，起現行為果。因緣果報，絲毫不爽，這就是輪迴受生的過程。修行要入空性，就是要打破這種輪迴。

無無明亦無無明盡，乃至無老死亦無老死盡

這是指十二因緣空，首先必須先了解十二因緣，從無明到老死，這是生命流轉門，是緣覺悟道的法門，緣覺乘就是透過對於十二因緣的思維而了悟無明是輪迴的根本，從十二因緣中的一支起修斷惑而解脫，證得辟支佛果，此時是無明盡到老死盡，這是生命輪轉的還滅門。在大乘空性義理中則是無無明亦無無明盡，乃至無老死亦無老死盡，本來不生不滅，沒有流轉也沒有還滅。

無明緣行，行緣識，識緣名色……互為因果，生死無盡，猶如水之流動不息，稱流「流轉生死門」。如果倒過來，無明滅則行滅，行滅則識滅……，生滅則老死滅，只要依法修行，最後就能滅除煩惱生死，還歸涅槃真性，稱「還滅涅槃門」，一斷則全斷，三界繫縛就得以解脫。「流轉生死門」，相當於四諦的「苦集二諦」；「還滅涅槃門」，相當於「滅道二諦」。

緣覺聖者，依十二因緣法順逆觀行，頓斷見思二惑，所以不另分列果位。聲聞雖同斷見思，同證偏真；但聲聞只斷正使，不侵習氣，譬如燒木成炭，尚留餘燼；而緣覺非但斷正使，兼斷習氣，譬如燒炭成灰，更無餘燼。大乘菩薩則能了達十二因緣，觀一切境界，都如水上之波，如夢如幻，故曰：「亦無無明盡」「亦無老死盡」，是破法執。《圓覺經》云：「此無明者，非實有體，如夢中人，夢時非無，及至於醒，了無所得……。一切眾生於無生中妄見生滅，是故說名輪轉生死。」此是菩薩深

觀十二因緣，觀諸法實相畢竟空，無所有無所得，一切本空，故何有無明。

十二因緣，亦名十二有支，「有」即三有、三界，「支」即支分，世間有情眾生於三有中生死流轉的因果，皆不出此十二支分，故名十二有支。十二因緣有十二個互相依緣的條件：無明緣行，行緣識，識緣名色，名色緣六入，六入緣觸，觸緣受，受緣愛，愛緣取，取緣有，有緣生，生緣老死。

這十二因緣其實就是集諦，是憂悲苦惱的根源，顯明過去、現在、未來三世起惑、造業、受苦的因果關係。要滅除煩惱則從無明開始息滅。無明滅則行滅，行滅則識滅，識滅則名色滅，名色滅則六入滅，六入滅則觸滅，觸滅則受滅，受滅則愛滅。愛滅則取滅。取滅則有滅。有滅則生滅。生滅則老死滅，也就是憂悲苦惱眾苦集聚滅。

十二因緣就事上而言，稱為三世十二因緣；就理上而言，隨一念心起，便具十二因緣，稱為一念十二因緣。如《大集經》中言，一念中，因眼見色，而生愛心，即是「無明」；為愛造業即為「行」；至心專念，故名為「識」；識共色行，是名「名色」；六根生貪，是名「六入」；因入求受，名為「觸」；貪著心者，名之為「受」；纏綿不捨，名為「愛」；求是等法，名為「取」；如是法生，是名「有」；次第不斷，是名「生」；次第斷故，名之為「死」。

因有「無明」煩惱，而於過去世造作諸業「行」，故由「識」託胎，進而有「名色」，接著形成「六入」，出生時與外境接「觸」，便產生種種感「受」，由此起貪「愛」、執「取」，又復「有」未來之果報，繼續於來世受「生」，終至「老死」。眾生因無明不覺，而生死相續，永無休止，稱為十二因緣生死流轉門。

偈曰：「無明愛取三煩惱（惑），行有二支屬業道（業），從識至受並生死，七支同名一苦道（苦）。」此即說明十二因緣與惑業苦及三世因果之關係。

龍樹《大智度論》記載：「十二因緣生法，種種法門能巧說，煩惱、業、事法，次第展轉相續生，是名十二因緣。是中無明、愛、取三事，名煩惱；行、有二事，名為業；餘七分，名為體事。是十二因緣，初二，過去世攝，後二，未來世攝，中八，現前世攝。是略說三事，煩惱、業、苦，是三事展轉更互為因緣：是煩惱業因緣，業苦因緣，苦苦因緣，苦煩惱因緣，煩惱業因緣，業苦因緣，苦苦因緣，是名展轉更互為因緣。」

《大毘婆沙論》將「十二因緣」詮釋為三世二重因果之「分位緣起」說：一、過去二因：無明（貪瞋癡等煩惱──惑），行（造作諸業──業）。

二、現在五果：識（業識投胎—苦），名色（但有胎形六根未具—苦），六入（長成眼等六根人形—苦），觸（出胎與外境接觸—苦），受（與外境接觸生苦樂感受—苦）。三、現在三因：愛（對境生愛欲—惑），取（追求造作—惑），有（成業因能招未來果報—業）。四、未來二果：生（再受未來五蘊身—苦），老死（未來之身又漸老而死—苦）。

追根究底，無明是生死流轉的根源，所以要了生死，即須破除無明。無明若滅，其後相續而起之因緣亦隨之而滅。所謂無明滅則行滅，行滅則識滅，識滅則名色滅，名色滅則六入滅，六入滅則觸滅，觸滅則受滅，受滅則愛滅，愛滅則取滅，取滅則有滅，有滅則生滅，生滅則老死滅。此乃行者欲逆生死流、得證解脫聖道所修，故稱十二因緣聖道還滅門，屬於聖者的境界。

十二因緣其實也是四諦法，無明、行、愛、取、有，此五者合為集諦；識、名色、六入、觸、受、生、老死，此七者合為苦諦；觀因緣智為道諦；十二支滅為滅諦。又流轉門為苦集二諦，還滅門為道滅二諦。無無明到無老死是空流轉門，無無明盡到無老死盡是空還滅門。

天臺四教分有四種十二因緣。藏教名「思議生滅十二因緣」，通教名「思議不生滅十二因緣」，別教名「不思議生滅十二因緣」，圓教名「不思議、不生滅十二因緣」。圓教所解，無明至老死這十二支因緣，體即般若、解脫、法身三德，體得圓融名不思議。無明、愛、取三支是煩惱道，煩惱即般若；行、有二支是業道，業即解脫；識、名色、六入、觸、受、生、老死七支是苦道，苦即法身。無明不生亦不滅，是名「不思議不生不滅十二因緣」。此處無無明亦無無明盡，乃至無老死亦無老死盡，就是指圓教的「不思議不生滅十二因緣」。

五蘊、十二入、十八界都無，是破人我執。「無無明亦無無明盡，乃至無老死，亦無老死盡」是十二因緣法，為緣覺所修之法，破法我執。其內容互為因果，故經云：「此有故彼有，此生故彼生。」說明此因緣而起的法則，循環生死不已。要破除這十二因緣，只要滅其中一處，一切都滅了。這是緣覺的法執，也叫法我，破此法我執，即破三界一念無明，斷見思惑，故說十二因緣皆空。《金剛經》說：「知我說法，如筏喻者，法尚應捨，何況非法。」比喻要渡河，沒有船不行，但上了岸就無需背著船一起走，所以說「渡河需用筏，登岸不需舟」。證空不可住空，要回凡入假，幫助眾生入佛知見，續斷塵沙、根本無明，方是正義。

無苦寂滅道

苦寂滅道是佛陀在菩提樹下成道之後，先是靜坐了三週，下座之後找到五比丘，在鹿野苑講授四聖諦，也就是苦寂滅道的義理。這是針對人道眾生解決生老病死憂悲苦惱的方法，佛陀就是因為看到眾生在生死輪迴中流轉不能出脫的痛苦，每個人都想要離苦得樂，但苦不會是無中生有，一定有原因，就是集。世間的樂是短暫的，含藏著苦因，而苦樂都是感覺，究竟解決苦就是滅，超越苦樂的感覺，它的方法就是八正道。這就是四聖諦的架構。

四聖諦是兩組因果關係，苦是集的果，集是苦的因，滅是道的果，道是滅的因。這也說明了因果法則。四聖諦的道理就如同彌勒菩薩說的，一個人生病了，要找到病因，然後對症下藥，才能恢復健康。「如是亦當知苦寂滅道、離、成與修。」

佛陀在鹿野苑講三轉四諦十二行法輪，即是《三轉法輪經》所記述的，所謂三轉是指，一、示相轉：此是苦，逼迫性，如實了知；此是集，招感性，如實了知；此是滅，可證性，如實了知；此是道，可修性，如實了知。二、勸修轉：此是苦，如是應離；此是集，如是應斷；此是滅，如是應證；此是道，如是應修。三、作證轉：此是苦，如是已離；此是集，如是已斷；此是滅，如是已證；此是道，如是已修。每一諦都有三轉，合成十二行法。

為什麼要分三次示轉、勸轉、證轉？初轉直接開示四諦真相，上根者一聞即悟，中根的人聽到二轉警醒信受，鈍根者聽到三轉才覺悟起修。

四諦法使弟子們聽後知苦諦生死，斷集諦煩惱，慕滅諦涅槃，修道諦法門。使他們了知苦是三界內分段、變異生死的苦果，集是三界內見思兩惑煩惱的苦因，滅是三界外涅槃的樂果，道是三界外三十七道品的樂因。一個是世間的苦及苦因，一是出世間的樂及樂因，後來發展成為大乘四無量心。也就是從利己到利他，對他人的拔苦、予樂。

《大智度論》說：「四無量者，慈、悲、喜、捨。慈名愛念眾生，常求安隱樂事以饒益之。悲名愍念眾生，受五道中種種身苦心苦。喜名欲令

眾生從樂得歡喜。捨名捨三種心，但念眾生不憎不愛。」從而發起四無量心願，也就是：「願一切眾生具足樂及樂因，願一切眾生遠離苦及苦因；願一切眾生不離無苦之樂，願一切眾生遠離愛憎住平等捨。」

一個人要先知道自己生病了，很多人無法理解輪迴的苦、三界的苦，認為人間靜好、世間至樂，所以佛陀才講解苦諦，讓世間人確實了解三界之中猶如火宅，沒有恆常的安樂，佛陀示現他看到生老病死的感悟過程，生起出離心，離開妻子兒子和王位從皇宮出走到雪山修行，以大出離示現離苦的決心。

苦諦前面已經講過三界的三苦、人間的八苦以及種種苦。巴利藏的《轉法輪經》說：「比丘們，此為苦聖諦：生苦、老苦、死苦；憂、哀、痛、悲、慘苦；與不愛者共處苦、與愛者離別苦、所求不得苦：簡言之，五取蘊苦。」

接著要知道煩惱的根源，集諦就是三界內苦的因，計有見惑八十八結使、思惑八十一品，集聚而成業因，隨業遭感果報。一般說來，六根本煩惱之中，貪、瞋、癡、慢、疑為五鈍使，是主要的思惑，也稱煩惱障；不正見是見惑，不正見又分為：身見、邊見、邪見、見取見、戒禁取見，為五利使，也稱所知障。

對於集諦，《轉法輪經》說：「比丘們，此為苦因聖諦：造作再生的渴求，帶著貪與喜、於處處耽享，正是對感官之欲的渴求、對有生的渴求、對無生的渴求。」《大念處經》解釋集諦：「諸比丘！何謂苦集聖諦？愛欲引導再生，喜與貪伴隨而起，無論何時何處，追求愛欲，即：欲愛、有愛、無有愛。諸比丘！愛欲於何處生起？在何處住著？凡於世間有誘人、可意者，愛欲即在該處生起，在該處住著。於世間何者是誘人、可意者？」佛陀接著從六根、六塵、六識說明它們是誘人、可意者，「在世間眼根是誘人、可意者，愛欲即在該處生起與住著。」因此生起欲愛、有愛、無有愛，三界的煩惱由此生起。

滅諦就是煩惱息止的狀態，滅前苦集二諦，證得偏空的法性，見思二惑都已斷除。梵文稱為涅槃。對於滅諦，《轉法輪經》說：「比丘們，此為苦的止息聖諦：對該渴求的無餘離貪、止息、捨離、棄絕、解脫、放開。」《大念處經》說明滅諦：「諸比丘！何謂苦滅聖諦？此即愛欲之消逝無餘、捨離、滅盡、解脫、無染。然而，諸比丘！於何處捨離、滅盡愛欲？在世間有誘人、可意之處，就在該處捨離愛欲、滅盡愛欲。」接著分從六根、六塵、六識說明在執著處捨離、滅盡愛欲，「在世間何者是誘人、可意者？在世間眼根是誘人、可意者，就在該處捨離愛欲、滅盡愛欲。」

滅諦的主要義理就是滅盡對於世間和三界的貪愛，解脫身心的束縛，也就是般若經的核心——空性。見到諸法空相的狀態，就是苦滅。

道諦是滅苦的方法，也就是斷集的方法，簡單說是戒定慧學，狹義說是八正道，《轉法輪經》說：「比丘們，此為趨向止息苦之道聖諦，正是此八聖道——正見、正志、正語、正業、正命、正精進、正念、正定。」廣說是三十七道品。

所謂三十七道品包含四念處、四正勤、四如意足、五根、五力、七覺支、八正道。其中四念處：身觀念處、受觀念處、心觀念處、法觀念處。四正勤：未生惡令不生、已生惡令滅、未生善令生、已生善令增長。四如意足：欲、念、進、慧。五根：信、進、念、定、慧。五力：信、進、念、定、慧。七覺支：念、擇法、精進、喜、輕安、定、捨。八正道，已如上述。這三十七道品猶如一條通往涅槃的道路。

此四諦的理解依照證量不同，天臺宗立了四種四諦，配合四教：生滅四諦、無生四諦、無量四諦、無作四諦。藏教所明是生滅四諦，苦集滅道都是有為法，苦集二諦生，則滅道二諦滅；滅道二諦生，則苦集二諦滅。這是小乘所修法，煩惱不可以不斷，生死不可以不出，道品不可以不修，涅槃不可以不證。

通教所明為無生四諦，觀一切法如夢如幻，當體無生，即是無生之意。三界二十五有依正二報皆如幻化，而非實有，因此「苦無逼迫相」、「集無和合相」、「道不二相」、「滅無生相」，生死煩惱本空，既無有生，何處有滅？

別教所明的是無量四諦，四諦有無量相，這是菩薩法門，苦集滅道各有無量相。苦有十法界諸苦，集有五住煩惱，道的法門有八萬四千，法門無量，所以由法門趣入的指歸也是無量，也就是滅也有無量相，因為諸波羅蜜不同故。

圓教所明的四無作四諦，苦集滅道即是實相，實相之理非由造作，是天然性德，所以說是無作四諦。陰入皆如，無苦可捨；無明塵勞即是菩提，無集可斷；邊邪皆中正，無道可修；生死即涅槃，無滅可證。《法華玄義》：「以迷理故，菩提是煩惱，名集諦；涅槃是生死，名苦諦。以能解故，煩惱即菩提，名道諦；生死即涅槃，名滅諦。即事而中，無思無念，無誰造作，故名無作。」

無苦集滅道就是無作四諦，菩薩以般若妙智照見苦厄等，當體即是真空實相，非僅沒有世間苦集二諦的虛妄，就算是出世間的道滅二諦，在理體上也沒有蹤跡。因為在諸法空相之中，本無生死可了，亦無煩惱可斷，自性具足本無道可修，亦無滅可證。

四諦法的含義是知苦、斷集、慕滅、修道。大乘菩薩了知根本無無明，煩惱菩提，無非是夢中佛事，作而無作，了不可得，無苦亦無集，亦無道可修。故曰：「無苦集滅道」。

無智亦無得

這裡說的「智」是能觀，「得」是所觀；「智」是能得，「得」是所得。所證所得的，從空有來說，是空性；從生死涅槃來說，是涅槃，從有為無為說，是無為。前面說的是聲聞緣覺所證所得皆空，但會陷入空執；此處說的是菩薩所證所得亦空，是去除空執。法藏《心經疏》：「知空智不可得，故云無智；所證空理亦不可得，故云無得。」由於眾生迷，所以要用智慧觀照，而自性本自具足，不待觀慧而有所得，亦不應無慧而有所失。去除我執不執有、去除法執不執空，還於中道不執空有。

一般來說，小乘所獲得的智慧是一切智、道種智，大乘所獲的智慧還有一切種智。依據天臺三觀，空觀成，斷見思二惑，成一切智，出分段生死。假觀成，斷塵沙惑，成道種智，出方便土中的變異生死。中觀成，斷無明惑，成一切種智，出實報土中的變異生死。小乘成就的果位是阿羅漢、辟支佛，大乘成就的是佛果。

雖然有智有得，但都是在相上說的。事實上，菩薩修行六度本來就應該無相，《金剛經》說：「菩薩於法應無所住行於布施，所謂不住色布施，不住聲、香、味、觸、法布施。須菩提，菩薩應如是布施，不住於相。」菩薩發願修六度、度眾生都不能著相，「如是滅度無量無數無邊眾生，時無眾生得滅度者。何以故？須菩提！若菩薩有我相、人相、眾生相、壽者相，即非菩薩。」

菩薩在因中修行即不應有智有得相，在果上自然也沒有智與得可言。菩薩修行雖有十地之分，究竟是成就佛果。但佛果沒有三十二相的身相可言，須菩提說：「不可以身相見如來。何以故？如來所說身相，即非身相。」佛告須菩提：「凡所有相皆是虛妄；若見諸相非相，則見如來。」又一般認為，成就佛果就是得阿耨多羅三藐三菩提，《金剛經》說：「須菩提！於意云何？如來得阿耨多羅三藐三菩提耶？如來有所說法耶？須菩提言：如我解佛所說義，無有定法名阿耨多羅三藐三菩提。」連佛相都是虛妄，也無有定法名為無上正等正覺。

所謂：「實際理地不受一塵，萬門行中不捨一法。」實際理地，即無智亦無得，是真如理體、是實智、是性德，本自如如。萬門行中，即三身四智，是佛性之用，是權智，是修德，性修不二，故說：「無智亦無得」。

以無所得故，菩提薩埵，依般若波羅蜜多故，心無罣礙

這句是承上啟下。為什麼諸法空相，因為無所得故。為什麼五蘊空、十二處空、十八界空、十二因緣空、四聖諦空、智得亦空？因為無所得故。正因為無所得，所以菩薩能夠依般若波羅蜜多，究竟涅槃，甚至得阿耨多羅三藐三菩提，也就是成就無上正等正覺。

既然無智亦無得，又為何說究竟涅槃，得阿耨多羅三藐三菩提呢？《大般若經》說：「善現言，世尊若不可得，云何菩薩摩訶薩修行深般若波羅蜜多時？若不得一切法，云何能圓滿六度，入菩薩正性，嚴淨佛土，成就有情？佛言，菩薩摩訶薩不為一切法故，修行深般若波羅蜜多，無所得故，修般若波羅蜜多。」正因為無所得的心，所以能修；正因為無所得，而能究竟涅槃，但是究竟涅槃，心也無所得，自性本來清淨，本自具足，能生萬法，還有什麼東西可得？

所謂究竟涅槃，大小乘所證不同。依天臺宗說，小乘藏教的果是偏真諦涅槃，也就是滅盡一切法，方證涅槃；通教的果是真諦涅槃，見一切法

當體即空，就是涅槃。別教的果是中道無住涅槃，不住空假兩邊，體自即滅。圓教的果是三德涅槃，法身德，名性淨涅槃；般若德，名圓淨涅槃；解脫德，名方便淨涅槃。此三涅槃不可相離，即一而三，即三而一。所謂性淨者，非修非得，本自有之，不生不滅。所以從究竟涅槃來說，本無所得。

菩提薩埵就是菩薩之意，菩提意思是覺，薩埵意思是有情，所以一般譯作覺有情，從狹義上說是覺悟的有情，從廣義上說是覺悟一切有情，合起來就是上求佛道以自覺，下化眾生以覺他，也就是自利利他，自覺覺他。自利自覺是智慧，利他覺他是慈悲。照見五蘊皆空是智慧，度一切苦厄是慈悲，悲智雙運是菩薩行。

菩薩在修行位階上是見道之後登初地，共有十地，分別是：初歡喜地、二離垢地、三發光地、四燄慧地、五難勝地、六現前地、七遠行地、八不動地、九善慧地、十法雲地。法雲地上所修觀智，純一堅利，猶如金剛，稱金剛心，進入無垢地，稱為等覺菩薩，由有一品無明未斷；以金剛慧再破一品無明，補入妙覺果位，稱一生補處，從等覺金剛後心，無明滅盡，寂然常照，明為妙覺。此時坐蓮華藏世界，七寶菩提樹下，現圓滿報身，說四諦法輪，成就佛果。

菩薩主要是修六度，也就是布施、持戒、忍辱、精進、禪定、般若；再從般若開出四度：方便、願、力、智。這十度也是十地菩薩專修法門。一一度中，攝一切法，生一切法，成一切法。菩薩還修四攝法：布施、愛語、利行、同事，這是菩薩攝受眾生，度化眾生的方便。

漢傳佛教有五大菩薩特別受到重視，中國四大道場就是其中四大菩薩的道場，也分別代表著悲智願行。分別是：普陀山大悲觀音菩薩、五臺山大智文殊菩薩、九華山大願地藏菩薩、峨嵋山大行普賢菩薩。另外還有彌

勒菩薩，在漢傳的造像中是依據五代契子和尚的形象而形塑，也就是笑口常開、大肚能容的彌勒佛。事實上，彌勒菩薩就是一生補處的妙覺菩薩，只待下一生到世間成佛。在藏傳佛教有八大菩薩，除了漢傳的五大菩薩之外，另有金剛手菩薩、虛空藏菩薩、除蓋障菩薩。其實，菩薩眾有無量無邊無數，只是不同的文化傳承在經典中找到相契的菩薩而弘傳，例如觀音菩薩在中國歷代有不同的流變，從唐朝的男相，到宋朝的柔和風，到明代的送子觀音母親的形象，延傳到今天這樣的風貌。

菩提薩埵依般若波羅蜜多，是解釋住於金剛喻定的法雲地菩薩如何禪觀空性，觀一切法性空，由此而能心無罣礙，漸次進入究竟涅槃。心無罣礙是一種究竟成就相，也是自在相。只有證得三德涅槃才能得大自在。一般人是無法達到心無罣礙的境界。平常心裡不是掛著工作，就是掛著父母健康、兒女課業，一刻也不得自在，而且還不自知。甚至自己處在煩惱境界還不自知，要到見道，才知道自己的見思兩惑時刻綑綁自我，不得解脫。

有個禪者問趙州禪師：「不掛寸絲時如何？」趙州說：「不掛什麼？」禪者說：「不掛寸絲。」趙州說：「大好不掛寸絲。」修行到某一個程度，自以為煩惱滅盡，寸絲不掛，事實上，仍有這「一絲不掛」的罣礙在心頭，仍不得自在。又有一個學人問趙州：「一物不將來時如何？」趙州說：「放下著！」自己以為身心清淨，一物也不罣礙，一塵也不沾染，但這「一絲不掛」、「一物不將來」就已經是滿面塵埃了。只有大菩薩以無智亦無得的無相之心，才有可能心無罣礙。

菩薩依般若波羅蜜多，證生死涅槃等空花，解脫德自性起用廣覺於有情，自覺覺他以無所得，故心無罣礙。

無罣礙故，無有恐怖，遠離顛倒夢想，究竟涅槃。

至於無有恐怖也是大菩薩的成就相。眾生都有恐懼的事，動物在吃東西時深怕遭到搶食或突擊，全身豎起寒毛警戒著，這是一種恐懼。人內心的恐懼更是巨大，到一個陌生的環境會感到恐慌，為了明天沒有著落的事會憂懼，人最大的恐懼是害怕死亡，不只擔心自己的死亡，也害怕親人、朋友的驟然別離，這就是對於生命實相的不了解所致。

《大般若經》第四百八十五卷〈第三分善現品第三之四〉這樣描述：

「舍利子！若菩薩摩訶薩修行般若波羅蜜多，能作如是審諦觀察諸所有法皆無所有不可得時，其心不驚、不恐、不怖、不沈、不沒、不憂、不悔，當知是菩薩摩訶薩能於般若波羅蜜多常不捨離。」

菩薩因為破了四魔，所以無有恐怖。《大智度論》說：「是諸菩薩得菩薩道故，破煩惱魔；得法性身故，破陰魔；得道、得法性身故，破死魔；常一心故，一切處心不著故，入不動三昧故，破他化自在天子魔。」

窺基大師在《心經幽贊》說：「罣謂煩惱障，不得涅槃故；礙謂所知障，不得菩提故。或罣即礙，俱通二障。恐怖者謂五怖畏：一、不活畏，由分別我資生愛起。二、惡名畏，行不饒益有悕望起。三、死畏，由有我見失懷想起。四、惡趣畏，不遇諸佛惡業所起。五、怯眾畏，見已證劣他勝所起。」罣礙就是煩惱障和所知障。凡人有五種恐懼：怕活不下去、怕惡名聲、怕死、怕生惡道、怕眾生。

菩薩也因為了解實相故，遠離顛倒夢想。眾生顛倒，不知世間無歡，國土危脆，有「常、樂、我、淨」四種顛倒。於世間無常之法起常見，是為常顛倒；不明世間五欲之樂是招因之苦，妄計為樂，是為樂顛倒；不明此身皆四大假合而成，妄計為我，是為我顛倒；不明己身他身具有種種不淨，妄生貪著，執以為淨，是為淨顛倒。

二乘行者已經看破凡夫四種顛倒，認為世間是無常、苦、空、無我，執無為的涅槃法為「非常、非樂、非我、非淨」，這是小乘四顛倒。於如來常住法身，妄計有生滅變異之相，是為無常顛倒；於涅槃寂靜之樂計無樂，是為無樂顛倒；於佛性真我中，妄計無我，是為無我顛倒；於如來清淨之身妄計為不淨，是為無淨顛倒。凡夫四顛倒與小乘四顛倒，合為凡小八倒。菩薩完全理解凡小八倒，了知一切諸法性空，所以能不陷入顛倒境界。

窺基大師在《心經幽贊》解釋顛倒：「顛倒者謂七倒：一想、二見、三心、四於無常謂常、五於苦謂樂、六於不淨謂淨、七於無我謂我。於後四種妄想分別名想倒。忍可、欲樂、建立、執著名見倒。心倒者謂煩惱，此有三：一根本，謂愚癡，二體性，謂邊執見一分、戒禁取、見取及貪、薩迦耶見，三等流謂餘煩惱。」

《楞嚴經》講眾生顛倒、世界顛倒，是因不明二種輪迴根本。《楞嚴經》說：「佛告阿難：一切眾生，從無始來，種種顛倒，業種自然，如惡叉聚。諸修行人，不能得成無上菩提，乃至別成，聲聞、緣覺，及成外道、諸天魔王，及魔眷屬。皆由不知，二種根本，錯亂修習。猶如煮沙，欲成佳饌，縱經塵劫，終不能得。」

惡叉聚，是一種水果的名字，一蒂生有三果，比喻身、口、意三業；指眾生造種種不善業，所以都是在三惡道裡輪迴。至於諸修行人，雖造善業、不動業，可以出生人間、往生天上，但照樣還是輪迴，有的搞不好還變成魔王、魔眷屬。都是因不知二種根本，錯亂修習的結果。

《楞嚴經》說：「一者無始生死根本，則汝今者，與諸眾生，用攀緣心，為自性者。」第一種原因是，眾生迷失自性後，即以攀緣心，誤當為自性本心，見緣應緣，見境執境，起心動念都是以種種攀緣的妄想、習氣應緣，終入無始生死根本，這就是眾生輪迴第一根本錯誤。「用攀緣心，為自性者。」就是將攀緣的無明習氣當作是真心。

《楞嚴經》說：「二者無始菩提涅槃，元清淨體，則汝今者，識精元明，能生諸緣，緣所遺者。由諸眾生，遺此本明，雖終日行，而不自覺，枉入諸趣。」第二種原因是，不認識無始劫來本有的「菩提涅槃元體清淨」，佛說：「眾生皆有佛性」，想擺脫一切習氣毛病的牽扯，就是要找回這個佛性。「識精元明，能生諸緣。」真心本來是清明的，當有因緣來時，依他起自性相應於諸境緣，若不是用「元清淨體」去應緣，而是以妄想、攀緣的心去應緣，就是眾生永在輪迴中的根本原因。「緣所遺者」應緣後無法回歸本元自性，卻去追逐應緣後的結果及境界，終迷失在六塵緣影中。「遺此本明」遺失掉了識精元明之本來，雖終日生活於其中，卻不能覺知，「枉入諸趣」又要再去輪迴了。《六祖壇經》云：「不識本心，學法無益。」就是這個道理。

夢想是指三界如夢，並不究竟，必須到達涅槃境界時方能如大夢初醒。我們現前的世界完全是由於心識無明所起的幻象，就像做夢一樣，夢也是心識所起的幻境，在做夢的當下，並不知道是夢，必須到醒過來之後，才知道方才的境界是夢境。

蓮池大師在《竹窗隨筆》中說：「醉生夢死，恆言也，實至言也。世人大約貧賤富貴兩種，貧賤者，故朝忙夕忙以營衣食；富貴者，亦朝忙夕忙以享欲樂。受用不同，其忙一也。忙至死而後已，而心未已也。齊此心以往，而復生，而復忙，而復死。死生生死，昏昏蒙蒙，如醉如夢，經百千劫，會無了期。朗然獨醒，大丈夫當如是矣。」對於一般眾生，生生死死在六道之中輾轉輪迴，輪迴只是一場一場不同的夢境而已。大丈夫就是菩薩，只有菩薩才能朗然獨醒。

顛倒夢想為生死業因，業因既然沒有了，生死也就了了。了生脫死也就解脫了，所以進入究竟涅槃的寂滅狀態。涅槃是梵語，又譯般涅槃，舊譯有寂滅、滅度、無為、解脫、安樂、不生不滅，也就是煩惱滅盡，解脫生死，得究竟安樂。玄奘法師譯為圓寂，具足一切福德智慧稱為圓，永離一切煩惱生死稱為寂。斌宗法師認為寂滅等譯詞有小乘涅槃的意味，圓寂則有大乘涅槃的意味。

《金剛經》說：「所有一切眾生之類，若卵生、若胎生、若濕生、若化生，若有色、若無色，若有想、若無想、若非有想非無想，我皆令入無餘涅槃而滅度之。」涅槃一般分為兩種，小乘的有餘涅槃和大乘的無餘涅槃。小乘斷了見思兩惑，了脫分段生死；大乘還斷了塵沙惑和無明惑，分段生死和變異生死都了脫。這是究竟涅槃。

但是若細分還有兩種，一是性淨涅槃，也就是說，一切眾生自性本來清淨，繁盛不二。另一種無住涅槃，是佛菩薩證，他因為具足智慧，所以不住輪迴，因為慈悲，所以不住涅槃，可以隨緣應現在十方世界，故稱無住涅槃。

綜上所說，罣礙是輪迴的業因，恐怖是輪迴的業果，顛倒夢想是輪迴的業惑，究竟涅槃是解脫的果。

三世諸佛，依般若波羅蜜多故，得阿耨多羅三藐三菩提

不但是菩薩，連三世諸佛都是依般若波羅蜜多，而得究竟圓滿菩提的。菩薩經過十地，進入等覺、妙覺，還是要依般若波羅蜜觀空，進入極果。智者大師說：「究竟佛者，通窮妙覺，位極於茶，故唯佛與佛，乃能究竟諸法實相，邊際智滿，種覺頓圓，無上士者，名無所斷，無上士者，

更無過者。如十五日月，圓滿具足，眾星中王，最上最勝，威德特尊，是名究竟佛意。」所以，佛是福慧圓滿，登涅槃山頂，以虛空為座，成清淨法身，居上上品常寂光淨土。

一般在唱誦時會念「南無十方三世一切佛」，十方是指四方、四維、上下；三世是指過去、現在、未來所有一切的佛，簡稱三世諸佛。舉一般熟知的，東方有阿閦佛、藥師琉璃如來，西方有阿彌陀佛，南方寶生佛，北方不空成就佛。賢劫千佛中，過去有拘留孫佛、拘那含牟尼佛、迦葉佛，現在是釋迦牟尼佛，未來有彌勒佛。三世諸佛有無量無邊，隨緣化現十方世界。

阿耨多羅三藐三菩提是梵語Anuttara-Samyak-Sambodhi的音譯。如果意譯的話，「阿」譯為無，「耨多羅」譯為上，「三藐」譯為正等，「三菩提」譯為正覺，合稱「無上正等正覺」。十地菩薩之上有等覺、妙覺，妙覺之後成就無上正等正覺，也就是成佛。無上是說福慧圓滿無上；正等是真正的平等，沒有分別；正覺是正確的覺悟，不偏不倚。在人世間成佛者至今只有釋迦牟尼，彌勒菩薩目前就是一生補處，在兜率天彌勒內院說法，等待下一劫來人間成佛。

佛陀到世間來成就、教化眾生，是一種應緣示現，他出生於皇室，從小受教育，結婚生子。有感於世間生老病死苦，為究竟解決這種世間苦，毅然出家，到雪山修行，經過十二年的修行，在菩提樹下金剛寶座得阿耨多羅三藐三菩提。佛陀不是像其他宗教說的天神、造物主。他只是示現每個人都可以成佛，每個人自己就是佛。

阿耨多羅三藐三菩提為佛能證，諸佛在因地修行，也是修六度萬行，依般若波羅蜜多，證十力、四無畏、十八不共法，具足一切莊嚴功德。除了自覺、覺他還有福慧圓滿，故能普利十方有情。因為無智亦無得，在究

竟上也沒有什麼阿耨多羅三藐三菩提可得，《金剛經》說：「如我解佛所說義，無有定法名阿耨多羅三藐三菩提，亦無有定法如來可說，何以故？如來所說法，皆不可取，不可說。」佛陀為了教化眾生，對機說法，因病與藥。

《大般若經》卷第四百三卷〈第二分觀照品第三之二〉說：「舍利子！修行般若波羅蜜多菩薩摩訶薩，不作是念：『我行般若波羅蜜多。』不作是念：『我不行般若波羅蜜多。』不作是念：『我亦行亦不行般若波羅蜜多。』不作是念：『我非行非不行般若波羅蜜多。』舍利子！修行般若波羅蜜多菩薩摩訶薩，與如是法相應故，應言與般若波羅蜜多相應。」

故知般若波羅蜜多，是大神咒，是大明咒，是無上咒，是無等等咒，能除一切苦，真實不虛

佛陀說法依根器不同，有顯有密，以上是顯說般若，從這句以下是密說般若。經典中明說道理以示眾生修行之法，稱為顯說；不加解釋，只叫你跟著做給予加持功用的稱為密言，咒語就是密言；經顯義理，咒宗秘密。這裡開始要宣說咒語，先揭示咒語的妙用，是大神咒，神有妙力，能令受持者除煩惱魔，解脫生死。大明咒，明能照了，令受持者破除無明虛妄。無上咒，無上是超勝，能令受持者直趨無上菩提。無等等咒，無等等是無法和它比齊，是最高義，能令受持者親證實相，成就佛果，說明這個咒語殊勝。

顯密之功用同等，能除一切苦及苦因，能度一切苦厄。只要依據前揭實修般若波羅蜜，能達究竟涅槃，得阿耨多羅三藐三菩提。佛陀所宣說的般若義理都是真實不虛的，不論顯相與實相，勝義諦或世俗諦。《金剛經》說：「如來是真語者，是實語者，如語者，不誑語者，不異語者。」不論是佛陀親說，或是菩薩重說，都是真實不虛的。

故說般若波羅蜜多咒，即說咒曰：揭諦揭諦，波羅揭諦，波羅僧揭諦，菩提薩婆訶

前面已經說了密咒的功德，現在把咒語宣說出來，以便現在、未來的有情能夠依教受持，這四句十八字有不可思議功德。咒，梵語做Dharani，音譯陀羅尼，意譯總持，總一切功德，持無量義理；又譯為真言，是諸佛菩薩真心宣說出來的密語。凡夫與二乘不能知，只能密持密受，為佛與佛能夠了知。對一般人來說，密咒不須加任何解說，只要一心持誦，就能達到精神集中統合的功用，進而引發智慧，是一種方便，就像讀經、念誦、禮佛、拜懺、稱名一樣。因為它的作用在聲音，不在於解釋。

「陀羅尼」稱「總持」，總一切法，持無量義，是「一為無量，無量為一」的境界。「陀羅尼」稱「真言」，是超越時空真實不變的音聲語言，般若與咒同是一心，能除一切苦，真實不虛。「陀羅尼」稱「密

語」，為諸佛菩薩無量劫修行願力的「功德法聚」，含藏了諸佛菩薩不可思議的慈悲願力。所謂「陀羅尼咒」是諸佛菩薩的「稱號」或「咒語」，至誠持之能引發「救渡功德」與「修因功德」。

「陀羅尼」稱「咒」，乃是密說，咒即般若，是無言說中蘊含無邊般若妙法及密義。是顯密圓融不可思議法，有發願相應的意思，因為誦念咒語可以相應諸佛菩薩的功德法聚加持，且持咒者也可以祝願他人，所以稱為「咒」。

「咒」是有言說而離言說，以不翻為妙，長句者為陀羅尼，短句者為真言，是諸佛菩薩在無量劫修行中，於一切法一切義中，持一切功德法而成的種子。因此行者持咒需有至誠心始能相應，如觀世音菩薩聞聲救苦，大都是受難者於急難中無任何念想脫口而出，此即是一念至誠而相應。

若是要以持「稱號」或「咒語」為修行法門，則需了解此稱號或咒語本尊佛菩薩的基本法義，才會真實的相應，如念一句「阿彌陀佛」，基本要知道往生西方極樂世界的條件。如什麼是契入「事一心成片」的功夫，什麼是「發菩提心、一向專念」，什麼是「一心不亂」，沒有這基本的認知為基底，要一念相應是很難的，只是種下念佛的因緣，所以說「念佛者多往生者少」就是這個道理。

「陀羅尼」法有諸多功能，其相應之密意，就是諸佛菩薩的「證果功德」。如「聞持陀羅尼」法，行持者，聞諸法義能憶持永不忘失，並總持定力，不為內外魔所動。如「分別陀羅尼」法，行持者，能了解諸法差異與眾生之分齊，善了別一切法而如如不動。如「入音聲陀羅尼」法，行持者，聞一切音聲能反聞自性，隨順真如入於法性之流。今持咒者大都以感應異能為主，反而造成很多的錯亂，要有證果功德，還是要在文字般若上多下些功夫，這樣方向對了，相應契入的理地才會正確。所以說持咒雖有無量的功德，但還是要契機，以適合自己的根性為要。

諸佛菩薩都有其心咒，釋迦牟尼佛、阿彌陀佛、觀音菩薩、文殊菩薩都有，藏傳佛教的咒語更多，護法、祖師都有心咒，如蓮花生大士、密勒日巴、噶瑪巴也都有心咒。咒雖不可解，但有神妙之功用，行者若能虔誠持誦，久之自能產生靈感，有「息、增、懷、誅」的作用，近則身心安寧，消災解厄，遠則解脫生死煩惱，速證菩提。

揭諦揭諦，意思是「去也，去也！」意指般若功深，能自度度他，前者「去也」是自度，後者「去也」是度他。波羅揭諦是「到彼岸去」的意思，波羅僧揭諦是「願大眾都同登彼岸」。菩提薩婆訶是說「疾速成就無上佛果」。

這句咒語是和修行五道相配合，依照修行的五道是：資糧道、加行道、見道、修道、無修道。第一次「揭諦」是力勸行者進入資糧道，第二次「揭諦」，是漸次進入加行道，「波羅揭諦」是指見道，現證空性，至此進入聖位。「波羅僧揭諦」是指修道，行者不斷觀空熟知空性，最後進入究竟位，也就是「菩提薩婆訶」。

這五道次第與《心經》正宗分全文相應。一開始的甚深四句法義「色不異空，空不異色；色即是空，空即是色」是資糧位和加行位，「諸法空相，不生不滅，不垢不淨，不增不減。」是見道位。「是故空中無色」以下的空五蘊、十二處、十八界、十二因緣、四諦，無智無得，是修道位。菩薩的究竟涅槃和三世諸佛的阿耨多羅三藐三菩提，是究竟位。

【流通分】

每一部經典都有流通分，例如《金剛經》的結語：「須菩提！若有人以滿無量阿僧祇世界七寶，持用布施。若有善男子、善女人，發菩提心者，持於此經，乃至四句偈等，受持、讀誦，為人演說，其福勝彼。云何為人演說？不取於相，如如不動。何以故？一切有為法，如夢幻泡影；如露亦如電，應作如是觀。」這是全經的結論，尤其是：「一切有為法，如夢幻泡影；如露亦如電，應作如是觀。」更是《金剛經》的精義和修行方法。

結語之後就是流通分：「佛說是經已，長老須菩提，及諸比丘、比丘尼、優婆塞、優婆夷，一切世間天、人、阿修羅，聞佛所說，皆大歡喜，信受奉行。」這是流通分，也就是說佛陀宣說此經後，所有弟子法喜之餘不僅要信受奉行，還有讓此經流通之意。

施護的《心經》結語：「爾時世尊，從三摩地安詳而起，讚觀自在菩薩摩訶薩言：善哉，善哉！善男子！如汝所說，如是，如是！般若波羅蜜多，當如是學，是即真實最上究竟。一切如來亦皆隨喜！」接著就是流通分：「佛說此經已，觀自在菩薩摩訶薩并諸苾芻，乃至世間、天人、阿修羅、乾闥婆等一切大眾，聞佛所說皆大歡喜，信受奉行！」

貢噶呼圖克圖的《心經》結語：「於是薄伽梵從三昧起，告聖觀自在菩薩摩訶薩言：善哉！復云：善哉，善男子！如是如是，如汝所說，深妙般若波羅蜜多應如是行，一切如來亦皆隨喜。」接著就是流通分：「薄伽梵作是語已，壽命具足舍利子，聖觀自在菩薩摩訶薩，暨諸眷屬，天人阿修羅，乾達婆等，一切世間，皆大歡喜，宣讚佛旨。」

平常我們念誦玄奘版的《心經》只是節譯正宗分的部分，那是全經解釋般若空性的義理，以及觀空的次第。看了完整版本的心經譯本，就可以知道此一法會的前因後果。

觀音／周澄

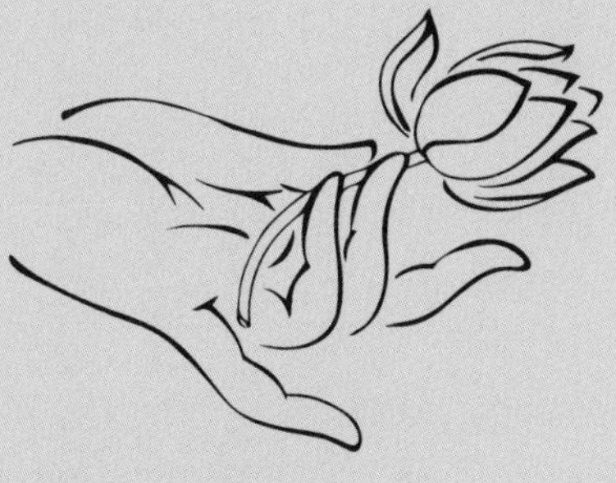

第三章

觀音菩薩修行法門

觀音菩薩應化人間

在觀音讚中提到「三十二應遍塵剎，百千萬劫化閻浮」、「千處祈求千處應，苦海常作度人舟」。說起觀音菩薩應化救苦的事蹟也幾乎是人人都能道上一段，在唐朝以前的畫像，觀音菩薩留有鬍子，現的是男身相，宋以後則面容慈祥柔婉，現的是女身相。觀音菩薩的願力是「應以何身得度者，即現何身而為說法」，早已超越世間的男女相，唐宋前後造相之所以不同是因為不同文化的反應所致，例如，南傳、漢傳、藏傳的釋迦牟尼佛造像有很大的差異，因為不同的文化背景故。

顯教的觀世音

中國境內最早出現的觀音造像是東漢末年四川彭山崖墓的搖錢樹陶座佛像，據俞偉超先生的研究認為此「一佛兩菩薩」造像，中坐的是釋迦牟尼，左右兩脅侍是觀世音菩薩和大勢至菩薩。公元三世紀月氏國高僧支

謙翻譯《無量壽經》，其後月氏國高僧竺法護翻譯了《觀世音菩薩普門品》，觀音救苦救難的信仰逐漸傳揚。觀音菩薩和女性特別有緣，因為在中國社會女性的角色悲苦，委屈多而無處傾訴，經常只有默默往肚裡吞，無語問蒼天，如果有緣接觸到觀音菩薩，很快就成為精神上的慰藉與依靠。

三十二應身典出《楞嚴經》，觀音菩薩為了度化不同根器的眾生化現不同類別的身分，在普陀山的一些寺廟中，觀音寶殿的兩側有時會放置三十二應身的雕像，此三十二應身亦即觀音菩薩的化身，分別是：佛身、獨覺身、緣覺身、聲聞身、梵天身、帝釋身、自在天身、大自在天身、天大將軍身、四天王身、四天王國太子身、人王身、長者身、居士身、宰官身、婆羅門身、比丘身、比丘尼身、優婆塞身、優婆夷身、女主身及國夫人命婦大家身、童男身、童女身、天身、龍身、藥叉身、乾闥婆身、阿修羅身、緊那羅身、摩呼羅伽身、人身、非人身。在《法華經》〈普門品〉

所舉的三十三身與前述大致相同，分別是：佛身、辟支佛身、聲聞身、梵王身、帝釋身、自在天身、大自在天身、天大將軍身、毗沙門身、小王身、長者身、居士身、宰官身、婆羅門身、比丘身、比丘尼身、優婆塞身、優婆夷身、長者婦女身、居士婦女身、宰官婦女身、婆羅門女身、童男身、童女身、天龍身、夜叉身、乾闥婆身、阿修羅身、迦樓羅身、緊那羅身、摩睺羅伽身、人及非人等身、執金剛神身。

至於觀音菩薩的三十二體則是因為他在不同的因緣化現不同的樣子度眾生，在人們心中留下不同的樣貌。這三十二體分別是：楊柳觀音、魚籃觀音、蛤蜊觀音、龍頭觀音、持經觀音、圓光觀音、遊戲觀音、白衣觀音、握蓮觀音、瀧見觀音、施樂觀音、德王觀音、水月觀音、一葉觀音、青頸觀音、威德觀音、延命觀音、眾寶觀音、岩戶觀音、能淨觀音、阿耨觀音、阿摩提觀音、葉衣觀音、琉璃觀音、多羅觀音、六時觀音、普照觀音、合掌觀音、一如觀音、不二觀音、持蓮觀音、灑水觀音。在普陀山流傳故事最多的是楊柳觀音、魚籃觀音和蛤蜊觀音。

楊柳觀音右手持楊枝，左手執淨瓶，神態自在慈祥，在普陀山楊枝庵裡因為藏有楊枝觀音碑而著名，此觀音畫像為唐朝名畫家閻本立所畫，經歷宋元兩朝，到明代萬曆年間為鎮海總兵侯繼高所得，另外他也收得吳道子所繪的觀音大士像，後將此兩幅畫像勒石植於寶陀寺前殿，其後寺廟毀於火災，後來幾經波折，重拓立碑於楊枝庵，成為普陀三寶之一。另外吳道子所繪的大士像立碑在普陀山上已不知所終，但是吳道子的畫像在他處還可見，他所畫的大士像面容圓潤飽滿，衣履飄逸，顯得樸實素雅。

在台灣的一些寺廟甚至一般家庭中自設的佛堂常是供奉楊枝觀音，由於他的造像特別親切，在觀音讚中提到「瓶中甘露常遍灑，手內楊枝不計秋」就是典型楊枝觀音的造型。

談到魚籃觀音，其造像大致是手提魚籃、腳踏於鯉魚背上，此故事大致是典出《觀音感應傳》，在唐憲宗元和十二年，陝右地方的人還不知道有三寶，一天，金沙灘突然出現一位絕色美女，手提魚籃向人兜賣魚，許多男子都為她的美色所傾倒，紛紛向她求婚，她卻開個條件，誰要能在一夜之間熟背〈普門品〉就嫁給他，第二天竟有十二個人能熟背，她說不能同時嫁給十二個人，誰要能在一夜之間熟背《金剛經》就嫁給他，結果又有十個人能熟背，她又要求在一夜之間能熟背《法華經》者方願出嫁，結果有一位姓馬的青年做到了。在結婚之日，新娘剛到新郎家裡就急病身亡，馬姓青年悲痛已極。幾天後來了一位僧人，說要開棺看一看新娘，誰知棺木一開裡面空空如也，僧人告訴他說那個賣魚的姑娘就是觀音菩薩的示現，說完就不見了，所以魚籃觀音有一個別稱叫馬郎婦觀音。

《普陀洛迦新志》記載清代定海總兵藍理的兩次奇遇。順治二十九年藍理朝普陀山，至梵音洞親見大士現身，大眉赤面有鬍鬚，眼露青白光，有點像達摩的造型，又見一小佛赤腳立於大士頭頂上，藍理見了不斷的叩

首頂禮。第二次藍理巡緝至普陀洋面，看見一隻小船，船上坐著一位婦人，手中提籃，籃中有鯉魚，船尾有一童子划槳，只見往梵音洞駛去，一下就失去了蹤影。第二天到山上禮佛，看到大士像及旁立的善財童子，與昨日所見到的樣貌相同，才知道是觀音菩薩顯靈，他的名字藍理，正好和「籃」、「鯉」同音，於是發願當護法。

至於蛤蜊觀音在《普陀洛迦新志》裡也記載有「蛤蜊現相」的異志，唐朝文宗喜歡吃蛤蜊，東南沿海頻年入貢，民不勝苦。一天御饌獲得一枚巨蛤，刀劈不開，文宗自己扣開，但見觀世音菩薩像立於蛤蜊的內面，文宗大驚，趕緊把它裝在金飾檀香盒中。並召惟政國師問明原因，惟政法師說：「物無虛應，乃啟陛下信心，以節用而愛人爾。經云，以菩薩身得度者即現菩薩身而為說法。」文宗說：「我只見了菩薩，而未聞菩薩說法。」惟政說：「那麼皇上信麼？」「怎敢不信？」「如此，皇上已經聞法了。」文宗大悟，永戒食蛤。

民間對此也有傳說，不過故事大同小異。傳說唐朝文宗嗜食蛤蜊，為了滿足皇帝吃蛤的嗜好，官府經常催逼漁家要上繳上等蛤蜊，哪家若是少繳，輕者受罰加錢糧，重者還要充軍服勞役。如此日久，蛤蜊越來越少，衙役卻越索越凶，漁家百姓莫不怨聲載道。

一天，衙役催繳來到普陀山龍灣，一個素衣少女迎面而來獻上一隻大蛤蜊，五彩斑斕，衙役看了喜不自勝，知縣老爺如獲至寶般的連夜兼程親自送往京城，唐文宗見了也愛不釋手，但因嗜蛤成性，第二天還是交代御廚烹調，誰知蛤殼堅硬，刀劈不開，唐文宗十分驚奇，命護寶太監專心養護著。

當天晚上，文宗在御書房批閱奏章時，那硯臺化作一碗香氣撲鼻蛤蜊湯，文宗習慣性的端起就喝，誰知睡到半夜時，大瀉不止，忙煞了御醫和宮娥，如此三天三夜，群醫無策。到了第四天有個素衣宮女來見，說要獻上祖傳秘方，太醫大喜，要了處方給皇上，只見處方簽上寫到：「嗜蛤勞民，永戒即止」，唐文宗大怒，下令拿下宮女治罪，只見那宮女腳踏蓮花，手捧彩蛤，輕飄而去，文宗大驚。急忙找來護國法師惟政和尚，文宗聽了法師說因果後說：「朕永戒食蛤，免貢。」

傳說那位獻蛤的素衣姑娘和獻秘方的素衣宮女都是觀世音菩薩化現的，其用意在勸唐文宗不要吃蛤蜊，更進一層的意義則是觀音菩薩相機說法，普門示現，廣度一切眾生。

此外，在中國民間信仰最普遍的則是白衣大士。觀音菩薩在唐宋以後被賦於中國的人文性格，比較偏向人性化，形象是個文人，身著白衣的一位大士，能聞聲救苦，在苦難或危急時常會呼喚大士求救，大士也經常顯靈，在抗日戰爭期間，大士顯靈的例子不可勝數。

白衣大士在中國最著名的就是他的神咒，據說相當靈驗，平時念一念保平安，急時念一念還可逢凶化吉，此神咒是：「南無大慈大悲救苦救難廣大靈感觀世音菩薩摩訶薩。南無佛，南無法，南無僧，南無救苦救難觀世音菩薩。怛只哆，唵，伽囉伐哆，伽囉伐哆，伽訶伐哆，囉伽伐哆，囉伽伐哆，娑婆訶。天羅神，地羅神，人離難，難離身，一切災殃化為塵。南無摩訶般若波羅蜜。」在台灣有許多信眾隨身攜帶白衣大士的相片和神咒，以保平安。

藏傳佛教的觀世音

西藏的佛教，基本上也是觀音信仰，布達拉宮就是觀音菩薩的道場，布達拉的音譯即是普陀洛迦。藏傳佛教菩薩的形制多樣，有寂靜尊、忿怒尊和雙運尊，觀音菩薩的化身更是最多的，像四臂觀音、千手千眼觀音、準提佛母、綠度母、白度母、紅觀音、馬頭明王等都是。

事實上，觀音菩薩應化的相何止於這些。根據《楞嚴經》記載，觀音菩薩在證得耳根圓通之後，獲得了「四不思議無作妙德」，經文中說：「一者，由我初獲妙妙聞心，心精遺聞，見聞覺知不能分隔，成一圓融清淨寶覺，故我能現眾多妙容，能說無邊秘密神咒，其中或現一首三首五首七首九首十一首，如是乃至一百八首、千首萬首、八萬四千爍迦羅首；二臂四臂六臂八臂十臂十二臂，十四十六十八二十至二十四，如是乃至一百八臂、千臂萬臂、八萬四千母陀羅臂；二目三目四目九目，如是乃至一百八目、千目萬目、八萬四千清淨寶目，或慈或威，或定或慧，救護眾生，得大自在。」由此可知，我們一般常見的觀音造像不過是其應化人間的百千分之一而已。

在藏傳佛教中最普遍也最為一般人所信賴的就是四臂觀音，早在公元七世紀松贊干布統一全藏後，即有相當多的傳說。吐番人原來信奉苯教，松贊干布迎娶赤尊和文成兩公主，佛教開始傳入西藏。其中一種說法是松贊干布因為對佛法升起了信心，有一天，在皇宮的天空中突然出現異相，由雲朵組成的六字大明咒「嗡嘛呢叭咪吽」慢慢呈現變得清晰，後來四臂觀音菩薩也親自示現說法，於是觀音信仰成為西藏佛教的主流，六字大明咒也成為藏族人人能念誦的咒語。其後約一千年，五世達賴喇嘛承擔統一大任後，他將法王的角色與修行者的身分合而為一，宣稱自己是觀音菩薩的轉世，一六四五年他開始在拉薩紅山修建一座宮殿，相傳此處即是觀音菩薩的道場，歷史上它是千年以前藏王松贊干布的王宮所在，今天它是西藏的政教中心，也就是布達拉宮。

四臂觀音可以說是西藏的守護神，藏人除了家家戶戶念誦，也將它刻在石崖牆壁上，商旅路過都可以持誦。四臂觀音本尊顏身皎白如月，頭戴五佛冠，共有四臂，中央兩臂合掌於胸前，捧有摩尼寶珠，另右手持水晶念珠，左手拈八瓣蓮花，面貌寂靜含笑，以菩薩慧眼慈視眾生，凡被其觀者悉得解脫。

藏傳佛教另外很受重視的是千手千眼觀世音菩薩，不論漢藏地區，對於他的大悲咒都能朗朗上口。根據《千手千眼無礙大悲心陀羅尼經》所說，在過去無量億劫，有佛名千光王靜住如來，觀音菩薩那時始住初地，聽他宣說廣大圓滿無礙大悲心陀羅尼，一聽此咒，超第八地，即發誓言：「若我當來堪能利益安樂一切眾生者，令我身千手千眼具足。」發下這個願後，立時千手千眼具足，十方千佛，悉放光明。

在藏傳的說法中又多了一層，觀音菩薩在初始地時發菩提心，若救度眾生的道心退轉，願意肝腦碎裂；後因為眾生救不勝救，於是感到絕望，過去所發的菩提心開始退轉，立時首腦碎為十塊，身手也碎做千片，阿彌陀如來不忍其悲心退轉，遂將其碎首合為十面，頂上再加自己的首成十一面，千片亦合成千手千眼。十一個面孔表示觀世音菩薩與諸佛證得絕對的十一地「完全光明地」的心意無二，亦是法報化三身的組合，下三層九面為九位化身佛，第四層一面為報身佛金剛手，頂上為法身阿彌陀佛。由其千手化出一千個轉輪聖王，將眾生安置於上道樂土，令其聞法修行得解脫；由其千眼化出賢劫千佛，永離惡業。千手千眼觀音菩薩的神咒就是著名的大悲咒，是由一千一百萬佛所說，具有非常大的利益與功德，誦持者一切時中皆與諸佛相應，疾病災難消除。

綠度母和白度母在西藏也是受到普遍修持的本尊，相傳也是觀音菩薩的化現，因不忍眾生苦而流下大悲的眼淚，右淚化做綠度母，左淚化做白度母。傳說綠度母在無量劫前為般若月公主時即發願至虛空界盡，願以女身度化一切有情。此劫釋迦佛成道時，坐菩提樹下入定，眉間放光，群魔見光而欲加擾亂，綠度母見之作八種大笑，群魔倒地不起，復住於空定現不動明王相，將一切魔碎為微塵。修綠度母法者，消滅罪業和魔障，能除一切災難。白度母因於面、手腳上共具七目，又稱七眼佛母，額上一目為中脈開口處，表大智慧由無漏通所得眼通；面上二目表為地上輪，照天道、修羅道；手中二目表地面輪，照人道、畜牲道；足心二目表地下輪，照地獄、惡鬼道。修持白度母法者，能增長壽命及福慧，斷輪迴之根，免除一切魔障。

準提法門在台灣亦有不少人專修，準提佛母是密教部觀音的一個化身，準的意思是不空，提的意思是絹索，準提菩薩又稱不空絹索菩薩，代表佛母以慈悲的絹索救度有情，其心願不會落空，又稱七具胝佛母。在唐密和東密特別重視，相傳文天祥在獄中就是修持準提咒，而能不畏死。近年來台灣也很重視準提法門，不少道場都有傳揚此一法門。修此法門者，凡事一切殊勝無不如意，能降服一切邪魔。準提咒如下：「南無颯哆喃，三藐三菩馱，俱胝喃，怛姪他，唵，折隸，主隸，準提，莎訶。」

密教觀音的化現還有很多，像南朝梁武帝時代的國師寶誌禪師就是一個修行有成的和尚，不僅替武帝會達摩的那段因緣作了開解，在畫師要替他畫像時還現十二面觀音像。另外，密教中的佛菩薩造像有三輪身的說法：自性輪身現佛陀像、正法輪身現菩薩像、教令輪身現明王像。示現佛陀自性德相的即為如來，為濟度眾生示現柔和相的即為菩薩，為度化剛強眾生示現忿怒相的即為明王，觀音菩薩示現忿怒相最有名的是馬頭明王，外相看來很可怖，內心仍然流露出大悲心，象徵以光明的智慧降服一切惡魔。在密教的一些護法神，像是六臂大黑天也是千手千眼觀音菩薩的化現，觀音菩薩所發的宏願中，修持六臂大黑天者救度末法時期眾生，能守護眾生脫離中陰之苦。

由以上可知觀世音菩薩真的是「千處祈求千處應」，無所不現。

如何修持觀音法門

觀音菩薩的修持法門有很多，大致可以分為以下幾種：

一、大悲行解脫法門

善財童子參訪觀世音菩薩時請教云何學菩薩行，觀世音菩薩說他修的是大悲行解脫法門。大慈、大悲、大力是佛菩薩特有的不共功德，根據經典上說：「世尊於一切時觀察眾生，無不聞見，無不知者。恆起大悲饒益一切。」我們一般常說的慈悲心與佛菩薩的慈悲心是不一樣的，佛菩薩是出於證悟本源從自性流露出的「無緣大慈，同體大悲」的一種不共悲心，我們凡夫只能以一種嚮往的心去臨摹佛菩薩的慈悲，勉強說是一種善心。

如何修持大悲行法門呢？盡可能在一切時中不起分別心，等視一切眾生，疾其所疾，苦其所苦。但一般凡夫要時時刻刻以眾生為念，以拔除眾生的痛苦煩惱為己任，事實上是不容易做到的。根本上還是要以解脫自身煩惱為先，把長養慈悲心當作資糧，例如，平常時不惱害眾生，不殺死週遭的螞蟻等小動物，漸次的培養慈悲心，如此可以加快自我解脫的速度，及至證悟以後，悲心自然具足。

在藏傳佛教中特別重視慈悲心的培養，首先要能分辨善念與惡念，然後努力去除惡念長養善念。惡念像是怨恨、忌妒、瞋恚、貪心、害心，都會為自己和他人帶來痛苦，甚至死亡。例如飛蛾撲火就是對於亮光的執著、魚兒上鉤也是貪圖鉤上的誘餌，結果都是招來殺身之禍，人也是如此，常為了名利與感情，不是殺人就是自殺，原因就是起於這些惡念的滋長。而善念則能利己利他，像慈心、悲心、布施、持戒、忍辱、歡喜心等都能為自他帶來安樂，當善念越多時惡念就越弱。

因此要想辦法轉化惡念為善念，但這十分困難，一方面是因為我們沒有透過禪觀，根本沒有能力察覺惡念的升起，其次，要一時把瞋心轉為愛心並不容易。藏傳佛教的教法是先了解惡念升起的緣，設法忘掉引起惡念的外境，接著清除內在的不淨之氣，在密咒和密續中有許多對治法門。

修習慈心和悲心也是有方法的，首先要體會慈悲心的利益，並見到自私自利的過患，其次要牢記眾生的恩惠，再用自他相換的方式，或是禪觀世俗菩提心與勝義菩提心的方法，慢慢長養慈悲心。在藏傳佛教中有一部由阿底峽尊者所傳、切卡瓦造頌的《修心七義》就是教授菩提心的修行方法。

菩提心要怎麼修？當依大車軌所傳之修習菩提心教授。一依七因果而修，一依自他相換而修。七因果修法源出《大般若經》、《現觀莊嚴論》。經過去大德蓮花戒等開演而成言教，傳於金洲大師。

自他相換修法，出《大方廣佛華嚴經》，而寂天菩薩於《入菩薩行論》中開演而成言教，傳於金洲大師。

七因果教授：此為修悅意慈心方便。於一切眾生中，最親愛者就是生我之母，於母易生悅意慈心。令修者深知一切有情，如母不異，立知母量。七因果次第：一知母；二念恩；三報恩；四慈心；五悲心；六增上心；七菩提心。宗喀巴特別教授，於知母前，先修平等捨心，分他有情為冤、親、與非冤非親之中庸三類，觀為平等，住等捨心。而復觀冤與中庸皆得為如母有情。

自他相換教授：我們之所以對其他有情眾生不能生起悅意慈心者，實因為我執為其主因。我執重，則毀了對他人的慈悲心，對其他有情眾生悅意慈心不能生起，故要生起悅意慈心，首應破除我執。其方便與七因果教授，微有不同。而成就悅意慈心，以開發大菩提心為主。

其次思考我現在一切資生之具，無不依其他有情之因與幫助而獲享用。若無其他有情幫助，則我一切資生之物皆不得成，遑云受用。或謂如是，我出錢買得，何足言恩？須知錢亦不是生時帶來，而是依他有情而後有的。如果沒有一切有情，尚不能成現世安樂，何況興慈運悲，發菩提心，究竟成佛等事。

自他平等者，我願離苦得樂，其他有情亦願離苦得樂，其願共同，具平等法。相換者，非此身與他有情交換，是我自以愛我之心移作愛他人之心。又以我平時蔑視有情之心轉而蔑視自己的我執。如同儒家所說的「人飢己飢，人溺己溺」，「老吾老以及人之老，幼吾幼以及人之幼」，以這樣的方式長養自己的慈悲心。

二、大智行般若法門

其次是大智行般若法門，此一法門的重點在於了悟空性，知道諸法緣起性空的法則。最具代表性的經典就是《心經》，「觀自在菩薩行深般若波羅蜜多時，照見五蘊皆空，度一切苦厄。」開宗明義即說明了大智般若法門的要義在了悟空性。「色不異空，空不異色；色即是空，空即是色」，闡述因緣有與自性空相依相成、相即無礙的道理，因緣有不礙自性空，自性空不礙因緣有，所謂「空生妙有」，不住空有兩邊，即是此意。

「是諸法空相，不生不滅、不垢不淨、不增不減。」這是說明佛性，亦即本體，盡管外相可以千變萬化，但本質是如如不動的，無所謂六根、六塵、十二因緣、四聖諦，無所謂般若智慧，無所謂得失。三世諸佛都是依照此一大智般若法門而開悟的，所以說它是大神咒、是大明咒、是無上咒，能滅除一切煩惱痛苦。

般若法門當然還有很多，一部《大般若經》彰顯的就是般若智慧，最主要的除了證悟我空之外，還要證悟法空；亦即所謂的人無我、法無我。在藏傳佛教中，宗喀巴大師曾造《聖道三要》頌，主要包括三個面向：出離心、菩提心、空正見的修證。首先要發出離輪迴之心，其次要發利他菩提心，第三則是修習空性正見。空性正見就是要禪修到確定人無我、法無我，他們都有一整套禪修的儀軌。至於在見地上，則以中觀見為主要的皈依，中觀見在藏傳佛教的歷史傳承中有兩個主要的見解，一是中觀自續派的見解，一是中觀應成派的見解，目前格魯傳承認同應成派的見解。

般若法門以中國的傳承來說，當然是以禪宗為代表。《六祖壇經》中有禪宗最根本的理念，就是：「菩提自性，本來清淨，但用此心，直了成佛。」禪宗最根本的修行法要也在其中，就是：「無念為宗，無相為體，無住為本。」惠能特別解釋：「無相者，於相而離相；無念者，於念而無念；無住者，人之本性。於世間善惡好醜，乃至冤之與親，言語觸刺欺爭之時，並將為空。」簡單幾句道盡了禪宗修行法要。

禪宗之所以吸引中國文士就在於它的直指人心，惠能說：「若識本心，即本解脫」，五祖弘忍告訴惠能的法要也是「不識本心，學法無益」，也就是禪門所謂的「明心見性」，但是現代人對於明心見性卻覺得很難入手，一方面是因為不知道禪門的基本功夫，必須要有禪定的基礎；二方面是因為禪門公案奧妙，學人迷於文字，不知從何下手。此外，禪門中也缺乏獨具隻眼的名師可以做為入道的指引。

禪門的基本功也是從小乘的四禪八定入手，達摩祖師的「外息諸緣，內心無喘，心如牆壁，可以入道。」就是禪定基本功。有了定的基礎才能進入「觀心法門」，時時觀照，念住當下，才有可能明心，既而見性，與楞伽大義和唯識大義符節。明心見性的風光也就是惠能的千古絕唱「菩提本無樹，明鏡亦非臺，本來無一物，何處惹塵埃。」

見性之後就是保任的功夫，在《六祖壇經》中也有詳細說明，所謂「般若行」、「一行三昧」、「智慧常照」就是保任功夫，最後就是進入禪的境界。「此法門中，無障無礙，外於一切善惡境界心念不起，名為坐；內見自性不動，名為禪。」、「外離相為禪，內不亂為定。」也就是二六時中處於首楞嚴大定之中，也就是禪。

觀諸惠能以下禪門祖師大德的語錄，例如永嘉《證道歌》、黃蘗禪師《傳法心要》、大珠慧海禪師的《頓悟入道要門論》、臨濟義玄《語錄》，或是祖師法語輯錄如《碧巖集》、《景德傳燈錄》、《指月錄》等都是本著《六祖壇經》的思想和禪法而說，這也說明了禪門自有一套完整的思想體系和修行方法，可以達到了生脫死、究竟證悟的境地。

禪宗屬大乘禪定，惠能在〈坐禪品〉中有獨到的解釋，「外離相為禪，內不亂為定，外禪內定是為禪定。」外不受塵境的影響，內亦不受染法所干擾，就是禪宗的定。大珠慧海《頓悟入道要門論》解釋禪定說：「問：云何為禪？云何為定？答：妄念不生為禪，坐見本性為定。本性者，是汝無生心。定者，對境無心，八風不能動；八風者：利、衰、毀、譽、稱、譏、苦、樂，是名八風；若得如是定者，雖是凡夫，即入佛位。」禪坐的目的在妄念不生、明心見性、安住般若。

而禪宗所談論的修行多在見性之後，所謂的禪即是般若，是在生活中依然能夠保持內心明明朗朗又對外境如如不動，不單純指禪定，是定慧一體，所以是定中有慧，慧中有定。見性之後就是保任的功夫，在《六祖壇經》中也有詳細說明，所謂「般若行」、「一行三昧」、「智慧常照」就是保任功夫，最後就是進入禪的境界。「此法門中，無障無礙，外於一切善惡境界心念不起，名為坐；內見自性不動，名為禪。」、「外離相為禪，內不亂為定。」也就是二六時中處於首楞嚴大定之中，也就是禪。

三、陀羅尼總持法門

觀世音菩薩由耳根圓通證入無上菩提之後得到「四不思議無作妙德」，其中第二種不可思議是：「二者，由我聞思，脫出六塵，如聲度垣，不能為礙。故我妙能現一一形，誦一一咒。其形其咒，能以無畏施諸眾生。是故十方微塵國土，皆名我為施無畏者。」觀世音菩薩為了度生宣說咒語，無量無邊，能超越十法界，鬼神不知，凡夫難測。念誦咒語可與諸佛菩薩相應。密宗有謂「一切音聲皆是陀羅尼」，世間任何音聲都是陀羅尼，只有如實證悟的行者才能深解其意。

咒語就是陀羅尼的意思，念咒又稱為總持法門，在藏傳佛教中，每一本尊都有咒語，修持時要身、口、意與本尊相應，身結七支座、手結本尊印，口誦本尊咒語，意觀本尊形相，念咒只是修持儀軌的一小部分而已。

修持一個本尊法門必須在上師指導下修完加行，接著透過灌頂儀式再從前行、正行、結行依序從生起次第到圓滿次第起修。

不過現在一般人為了方便隨時修行，也就不講究整個儀軌，咒語可以隨時念誦，有些人隨時在念咒，最普遍的咒語就是四臂觀音的「六字大明咒」和千手千眼觀音的「大悲咒」。

六字大明咒是以何因緣傳世的呢？相傳釋迦牟尼佛住世時，除蓋障菩薩懇求世尊傳授大明咒，世尊說：「我於過去世曾經向蓮花象王佛學習此咒。」而蓮花象王佛在無數劫前曾至西方極樂世界見阿彌陀佛，阿彌陀佛乃請觀世音菩薩傳授此咒。世尊於是對除蓋障菩薩說：「你到印度某城的一位居士家中去求授，彼起止汙穢，且有妻有兒，不可輕視，彼實為觀世音菩薩化身也。」於是除蓋障菩薩前往謁見居士，居士傳授大明咒後示現種種神變。可知此咒一直都是觀世音菩薩所傳。

六字大明咒神妙殊勝，無論男女老幼皆可念誦，念誦時需至誠皈依觀世音菩薩，心緣一境，不可散亂，行之既久，禍亂悉免，祈求無不如意。每次至少念一百零八遍，以滿十萬遍為最小限度。念時觀想藏文六字真言字母，分別放出白紅黃綠藍黑六種光芒，照見六道眾生，又「嗡」由菩提心發出入十信位，「嘛」入十住位，「呢」入十行位，「唄」入十迴向位，「咪」入十地位，「吽」入金剛乘大覺位。故念此咒能超十地，成正覺。六字大明咒真言博大，奧意甚多，可以參研《大乘莊嚴寶王經》。

至於大悲咒在台灣更是受到三寶弟子的重視，一般寺院中早晚課都要唱誦。大悲咒也是觀世音菩薩所宣說，他是從千光王靜住如來那兒得來的。在《千手千眼無礙大悲心陀羅尼經》中，觀世音菩薩說：在過去無量億劫，有一佛名千光王靜住如來，他十分憐憫我及一切眾生，宣說廣大圓滿無礙大悲心陀羅尼，以金色手摩我的頂說，你要好好持此心咒，普為未來惡世一切眾生作大利樂。我在那時才住初地，一聽到此咒，頓超八地，心生歡喜，發誓弘布，安樂眾生，即時應願，身生千手千眼。

以觀世音菩薩的願力故，誦持此咒者現生能得十大利益：能得安樂，除一切病，延年益壽，常得富饒，滅一切惡業重罪，永離障難，增長一切白法諸功德，遠離一切諸怖畏，成就一切諸善根，臨命終時任何佛土隨願得生。

持誦此咒者得十五種善生：

一、生處常逢善王

二、常生善國

三、常值好時

四、常逢善友

五、身根俱足

六、道心純熟

七、不犯禁戒

八、所有眷屬恩義和順

九、資財豐足

十、常得他人恭敬扶接

十一、所有財寶無他劫奪

十二、意欲所求皆悉稱遂

十三、龍天善神恆常擁衛

十四、所生之處見聞佛法

十五、所聞正法悟甚深義

誦此陀羅尼者不受十五種惡死：

一、不為飢餓困苦死
二、不為枷禁杖楚死
三、不為怨家仇對死
四、不為軍陣相殺死
五、不為虎狼惡獸殘害死
六、不為毒蛇蚖蠍所中死
七、不為水火焚漂死
八、不為毒藥所中死
九、不為蠱毒害死
十、不為狂亂失念死
十一、不為山林崖岸墜落死
十二、不為惡人厭魅死

十三、不為邪神惡鬼得便死
十四、不為惡病纏身死
十五、不為非分自害死

誦此陀羅尼者當知其人：是佛身藏，九十九億恆河沙佛所愛惜故；是光明藏，一切如來光明照故；是慈悲藏，恆以陀羅尼救眾生故；是妙法藏，普攝一切諸陀羅尼故；是禪定藏，百千三昧常現前故；是虛空藏，常以空慧觀眾生故；是無畏藏，龍天善神常護持故；是妙語藏，口中陀羅尼音無斷絕故；是常住藏，三災惡業不能壞故；是解脫藏，天魔外道不能稽留故；是藥王藏，常以陀羅尼療眾生病故；是神通藏，遊諸佛國得自在故。

要持誦大悲咒必須先發願，再至心稱念觀世音菩薩名號或阿彌陀如來，然後誦咒。經上說：「欲誦持者，於眾生起慈悲心，先當從我發願：

南無大悲觀世音，願我速成一切法。
南無大悲觀世音，願我早得智慧眼。
南無大悲觀世音，願我速度一切眾。
南無大悲觀世音，願我早得善方便。
南無大悲觀世音，願我速乘般若船。
南無大悲觀世音，願我早得越苦海。
南無大悲觀世音，願我速得戒定道。
南無大悲觀世音，願我早登涅槃山。
南無大悲觀世音，願我速會無為舍。
南無大悲觀世音，願我早同法性身。
我若向刀山，刀山自摧折。
我若向火湯，火湯自枯竭。
我若向地獄，地獄自消滅。

我若向惡鬼，惡鬼自飽滿。
我若向修羅，惡心自調伏。
我若向畜生，自得大智慧。

發是願已，至心稱念我之名字，亦應專念我本師阿彌陀如來，然後誦咒。」

大悲咒具有不可思議的殊勝功德，經中都有詳述，如果有人誦持此陀羅尼，就好像在大海中沐浴一般，眾生如果霑到這人的浴水，一切惡業重罪悉皆消滅。如果誦持者行於道路，大風來時吹過這個人的身體髮膚，被餘風飄到的眾生，一切重障惡業並皆滅盡，不受三惡道的果報。所以大悲咒有如此神力，都是來自觀世音菩薩的悲心願力，若如法持誦必得大利。

四、淨土法門

淨土法門則是依據淨土三經，以持名、觀稱阿彌陀如來及極樂世界依正莊嚴，由西方三聖或阿彌陀佛或觀音菩薩或大勢至菩薩，接引往生。因為容易接受，簡單易行，是目前台灣比較風行的法門，流行最廣，影響也最大。所謂淨土三經就是《觀無量壽佛經》、《佛說無量壽經》、《阿彌陀經》。

東晉慧遠法師聞道安講《般若經》，有所感悟而出家，後到廬山，結茅為舍，集眾於六時念佛求生西方，是為中國淨土宗之始，又因鑿池種蓮，號稱蓮社，因此淨土宗又稱蓮宗，淨土宗的高僧大德甚多，其後像是長安善導、永明延壽、雲棲蓮池、靈峰蕅益等大師，都是以念佛為依歸，並遺戒弟子要「老實念佛」，近代則以印光大師被視為蓮宗十三祖，當代念佛成就者則以廣欽和尚為代表。

印光大師說，《華嚴經》中善財遍參知識，末後於普賢座下蒙其威神加被，所證者與普賢一樣是為等覺菩薩。普賢菩薩乃以十大願王勸進善財，及與四十一位法身大士，迴向往生西方極樂世界，以期圓滿佛果，而為華嚴一經歸宗結頂之法。所以《華嚴經》說明了一生成佛之法歸宗於求生淨土，是知淨土法門乃十方三世一切諸佛，上成佛道下化眾生，成始成終之無上大法。印光大師又將《楞嚴經》大勢至菩薩念佛圓通章以及《華嚴經》〈普賢行願品〉列入，成為淨土五經。

淨土法門主要是以念佛為修持方法，有實相念、觀相念和持名念，又以持名念阿彌陀佛和觀世音菩薩名號最為普遍，一句佛號統攝一切法門，其作用在於息妄心得正念，念到一心不亂，自性即彌陀。根據《大勢至念佛圓通章》的法要，念佛要如子憶母，若眾生心憶佛念佛，現前當來必定見佛。至於方法則是「都攝六根，淨念相繼」，如此自能進入三摩地。主要是用意根繫念於佛，意根一旦收攝，其他五根也都不動，自然是一心清淨。以心生淨念為因，得生淨土為果，依因感果，因果一致。

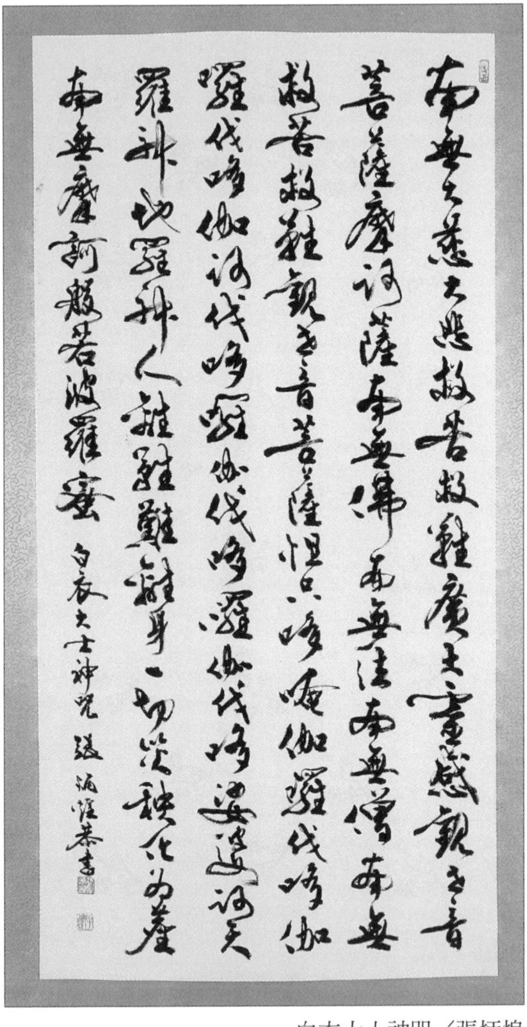

白衣大士神咒／張炳煌

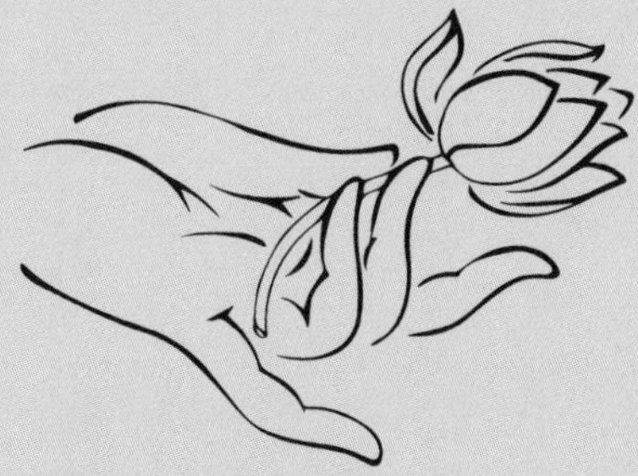

第四章

觀音菩薩耳根圓通法門

《楞嚴經》二十五圓通法門，佛陀請文殊菩薩在這二十五種法門中，指出對在娑婆世界的眾生，最容易修行的一種法門。我今白世尊：「佛出娑婆界，此方真教體，清淨在音聞。欲取三摩提，實以聞中入。」文殊師利菩薩對佛說，如果要進入三摩提，這娑婆世界最殊勝的法門，就是耳根圓通法門，是由聽音之聞性，反聞聞自性，使眾生能夠得到清淨，最易入手。

《楞嚴經》曰：「爾時觀世音菩薩，即從座起，頂禮佛足，而白佛言：世尊！憶念我昔，無數恆河沙劫，於時有佛，出現於世，名觀世音。我於彼佛，發菩提心，彼佛教我，從聞思修，入三摩地。初於聞中，入流亡所，所入既寂，動靜二相，了然不生。如是漸增，聞所聞盡，盡聞不住，覺所覺空，空覺極圓，空所空滅，生滅既寂，寂滅現前。忽然超越，世出世間，十方圓明，獲二殊勝。一者上合十方諸佛，本妙覺心，與佛如來，同一慈力。二者下合十方一切，六道眾生，與諸眾生，同一悲仰。世尊！由我供養觀音如來，蒙彼如來，授我如幻聞熏聞修金剛三昧。與佛如來同慈力故，另我身成三十二應，入諸佛土。佛問圓通，我從耳門，圓照三昧，緣心自在，因入流相，得三摩地，成就菩提，斯為第一。彼佛如來，歎我善得圓通法門，於大會中，授記我為觀世音號，由我觀聽十方圓明，故觀音名遍十方界。」

「觀音耳根圓通法門」的特性，即是以「聞性」來明心見性，用耳根聞的功能，「反聞聞自性」反觀自心及一切萬法的自性，萬法之自性即是空性，也就是說一切萬法、萬緣，皆是因緣生，因緣滅，自性本空，沒有一樣是真正永恆不滅的，因此，稱之為「空性」。反聞，聞空性，是收攝心意念、向內反照、了悟空性、實證空性，即能與諸佛智慧相應，而證入諸法實相，這便是「耳根圓通法門」。若真能入觀音耳根圓通法門，即是圓修。

實踐耳根圓通行門的關鍵在於「入流亡所」，「入流」是理入，在理體上須先要能認知自心本性，《六祖壇經》云：「不識本心，學法無益。」見了自心本性，在事功的實踐上才有個契入的方向，知道修行是旋歸入流於本覺上，並非是別有任何境界可得。「亡所」是事入，於歷緣對境中必須層層的亡「所」，在此，「所」是指動結、靜結、根結、覺結、空結、滅結六結，也就是色、受、想、行、識等五蘊，解六結滅五蘊等同是離了三界有，所以要能在「所」上歷事練心、脫黏解縛才是真功夫，例如在此人世間，一切有情因起惑造業而形成了「所」，這「所」涵蓋了自業——貪嗔癡慢……等心念，共業——與有情眾生、物質、環境……等牽扯，這種種的心念、牽扯若不能消解，生生死死輪迴的種子是永遠不會止息的。

佛經云：「若知前世因，今生受者是；欲知來世果，今生做者是。」

「因」即是種子，「亡所」就是要解決此種子遷流不息的活動，種子生現行是惑業，現行熏種子是造業，這種不斷循環的力量，明知如此卻是莫可奈何，對於想尋求解脫者而言，這就是問題的癥結處。其關鍵點就在於「所」上。以觀音解六結的次第而言，動靜二相是指內根外塵的塵結，在五蘊即是色陰區宇。聞所聞是眼、耳、鼻、舌、身、意（五俱意識念頭）指根結，在五蘊即是受陰區宇。覺所覺是指第六識分別之覺結，在五蘊即是想陰區宇。空所空是指第七識執我之空結，在五蘊即是行陰區宇。滅所滅是指第八識執藏種子之滅結，在五蘊即是識陰區宇。這六結、五蘊就是行者當斷除的「所」。

《唯識三十頌》云：「若時於所緣，智都無所得，爾時住唯識，離二取相故。」這是別教菩薩修學次第的通達位，此位相當於初地之入心，又稱見道位。是說當菩薩證得初無漏智時，體會真如，智照於理，得見中道，以能證悟所緣真如的無分別智觀察，一切都「無所得」，也就是沒有能取、所取之相，這時就安住於唯識之理體。此即是耳根圓通「亡所」的修行次第。

有華嚴院僧繼宗問天臺山雲居智禪師曰：「見性成佛，其義云何？」禪師曰：「汝知否，妄計為有，即有能所，乃得名迷。隨見生解，便墮生死。明見之人即不然，終日見，未嘗見。求名處，體相不可得，能所俱絕，名為見性。」可見有「能所」即是迷失，能所之識境若全滅絕，達能所雙亡的境界，才可以稱之為「見性」。

《金剛經》云：「應無所住而生其心」，修行其實就是一路的「無所住」，心念不住在任何境界上，不執著於任何的「所」上。「生其心」是生菩提心，即念念「入流」於本覺自性上，並能生起利益眾生的心。法相宗云：「捨識用根、去相存性」，也就是「入流亡所」，「捨識、去相、亡所」即不落於相的分別執取，「用根、存性、入流」即功能的作用還

在，對一切事如是感受，如是放下，放下相應於諸境緣的妄念、習氣……等毛病。《六祖壇經》云：「常應諸根用，而不起用想，分別一切法，不起分別想。」也是這個道理。《金剛經》云：「一切聖賢皆以無為法而有差別」，可見諸法平等無有高下，只要是了義，都是相通的。

觀音法門中的六結與五蘊、八識之互通理地如下：

塵結：明暗、動靜、通塞、甜淡、合離、生滅——內根外塵（色陰）。

根結：眼、耳、鼻、舌、身、意（五俱意識念頭）——五識取捨（受陰）。

覺結：第六識，斷根塵二結入覺結——六識分別（想陰）。

空結：第七識，斷覺結入空結——七識執我（行陰）。

滅結：第八識，內脫根外離塵——阿賴耶識（識陰）。

以下說明耳根圓通的內容：「爾時觀世音菩薩，即從座起，頂禮佛足，而白佛言：世尊！憶念我昔，無數恆河沙劫，于時有佛，出現於世，名觀世音。我於彼佛，發菩提心，彼佛教我，從聞思修，入三摩地。」

這時觀世音菩薩從座位上站起來，先向釋迦牟尼佛頂禮，然後對佛說：世尊！記得在很久遠以前，如恆河沙數量那麼多的劫數之前，有一尊古佛出世，名觀世音。我親近觀世音佛，發了無上菩提心，觀世音佛教我從耳根聞性見到自性，進而思惟產生智慧，再依思慧如實修行，最後進入三摩地。

「菩提」就是覺悟，發菩提心即是發了徹底覺悟的心，也願一切眾生究竟覺悟的心。「覺」有三層意思：本覺、始覺、究竟覺，三覺圓滿才是佛覺。本覺就是人人本有的本體，亦稱為本心，妙明真心，是人人所本有的，但一般人並不知道，這是本覺。當行者發起一念背塵合覺之心，要恢復本來，就是始覺了，即是發菩提心，開始覺悟了，「始覺合本」，始覺應合乎本覺。最後達於究竟圓滿，就是究竟覺。

《無量壽經》說到三輩往生，每一輩都是發菩提心，一向專念。發心和念佛兩個要素，少一個都不行。《華嚴經》云：「忘失菩提心，修諸善法，是名魔業。」沒有覺悟與利他的心，就是修諸善法，也只是魔的事業。菩提心就是心佛眾生三無差別的心。所以觀音成道之後，上合十方諸佛本妙覺心，與佛如來同一慈力。下合十方一切六道眾生，與諸眾生同一悲仰。就是心、佛、眾生，三無差別。

「聞思修」三慧，首先聽聞了經教的道理，能理解就是聞慧。依聞慧之理起了正思維而產生的智慧，就是思慧。最後以思所成慧，依教奉行即是修慧，這是一般所說的聞思修。但觀世音如來的聞思修不同於一般，聞慧是指耳根的聞性，由耳根入門，從而見到自己的自性。此聞慧是指從耳根聞性，生出始覺的智慧，不再去馳求耳外的聲音（外塵），而是返轉回來反聞能聞的自性（空性）。「思」也不是一般的思維，而是離開一切念想，用智慧來觀察此能聞的自性（本覺）是誰？因此在一切的境緣中，斷了諸惑業、習氣、毛病，念念都是銷歸自性，即所謂返聞自性，念念返觀，始覺合本，即是修慧。所以此聞思修是以見性為本，最後寂滅現前，證入圓通，即是「入三摩地」之首楞嚴大定。

「初於聞中，入流亡所」即是從聞性下手。「初」是初下手之處，「聞中」就是在聞性之中。「入流」，馳求聲音名出流，不聽外聲返聞自耳的能聞之性名入流。「亡所」耳聽到鐘鼓響，此聲響是所聞，於音聲無動於衷，即是觀音耳根圓通初步的所亡。如孔子聽了音樂，三月不知肉味，就是亡了舌根的所。

耳根能聽是為能聞，能聞的本性就是聞性。這是單從耳根說，實際聞性就是全體自性的作用（自性的作用有見性、聞性、嗅性、味性、觸性、心性）。此下手處即是從本體上、從自性上用功。「入流亡所」就是入了自性之流，綿密相續沒有間斷，默照在聞性之中，而離了所聞之聲。入了這個法性之流，就叫做「入流」。忘了所聞之聲，就是「亡所」。在聞性中，入了自性流，亡了所聽到的聲塵，故稱：「入流亡所」。

佛弟子富樓那問佛：「清淨本然云何忽生山河大地？」佛曰：「因明立所，所既妄立，生汝妄能。」能所對立，擾亂生塵，引成塵勞煩惱，於是「起為世界，靜成虛空」。可見清淨本然之中，只因「立」了「所」，於是出現山河大地與種種眾生。又說：「元明照生所，所立照性亡。」所一立，心即被萬法障住，心就不能再照了，《心經》云：「照見五蘊皆空」，眾生一旦立了所，有了所見、所聞、所知，都有對待，一切成二，在此以後就只能想而不能照了。

立了「所」就是眾生迷的根由。要覺悟，就必須從亡「所」開始。「所」有許多的層次，必須一層一層的把它給亡了。所以第一步是先亡了外在的聲塵（動塵），「初於聞中，入流亡所」就是聽見音聲，馬上起了分別，這聲音是好聽的、是吵雜的、是稱讚的、是譭謗的……，於是一切的煩惱都起來了。由於對所聞的音聲起了分別，而增加煩惱，這是背覺合塵，本來一切無事，因迷於此聲塵，故生出無邊的是非與煩惱。

如果返聞自性，一切回歸到自性空，心念不在一切聲塵上牽扯，而是用能聞的自性功能，返觀本來的覺性，這就是背塵合覺的開始，是背離外塵而向著本覺，念念內照，入於返聞照性之流而「亡所」。這只是初步的功夫相應，因智光內照，而顯定力，於是聲塵自亡。永嘉禪師云：「流非亡所而不入，所非入流而不亡。」即是，不能亡所就不能入流，不能入流也就不能亡所。可見，能入於法性之流而亡所，是層層修證圓通的總訣。

「所入既寂，動靜二相，了然不生。」《楞嚴說通》釋云：「前之亡所，且唯亡動。今之既寂，乃是動結已除，靜結方顯也。既寂之後，加功進力，反聞功夫，展轉深切，以至寂靜亦亡，則動靜二塵，迴然雙脫矣。」

前亡所，是亡掉聲塵的動相，動相已不能成為障礙，解了聲塵的動結，動相一除，靜相即馬上顯現，這是聲塵的靜結。此仍是外塵的結縛，若留戀此靜相，即是有所著，所以需更進一步，不住於靜塵，則必須繼續加功入流，返觀聞性，如是展轉功深，返聞聞靜塵的聞性亦入空性之流，以至於靜塵亦亡。如是聲塵的動靜二結，一併解除。故云：「動靜二相，了然不生。」

憨山大師《楞嚴經通議》：「六根順流奔境，故隨情造業。今於耳根思修，則不緣外境矣。入流者，返流也。謂逆彼業流（業流即順流、出流，謂馳向外境聲塵，隨情動念，造種種業）返觀聞性，則不由前塵所起知見（不為聲塵起心動念）而聞性現前，塵境遂空，故曰亡所。」即是非入流不能亡所，非亡所不能入流。

「如是漸增，聞所聞盡。」動靜二相不相應境界若能繼續加功漸進，功力漸增，最後，行者能聞的根性與所聞的動靜聲塵相均將入滅盡，行者至此境界，即能不執動靜二塵，不為動靜聲塵所擾，此即是靜結滅之境界（行者已破色陰區宇）。《楞嚴經通議》云：「如是漸增等者。由境寂滅，復增現行，以所聞聲塵既無動靜，則此聞根亦泯，故曰聞所聞盡。」聲塵的動靜兩結齊消，所剩只是能聞的耳根，此根亦是結。根與塵相對了然不生，既然外相消除，內相也隨之而同盡，於是破了根結，故曰：「聞所聞盡」。

「盡聞不住」能聞的根性對所聞之動靜聲塵，漸漸消失而滅卻，此即「聞、所聞盡」。如此可聞的根性、所能黏聲塵之根本相，在此境界中同時俱現，即所謂的根結使（受陰）。行者至此境界，再繼續用功，則能解根脫黏，不再以耳根聞聲塵，故聞根功能脫黏於六塵境後，體性中可聞之自性生起。此時行者以聞性聞聲塵，此聲塵已無黏聞性自性之能力，此過程中根結生起又滅卻，可聞之體性（自性）能脫離所聞之聲塵，是謂「盡聞不住」之境界，可謂根結滅矣。根結滅，無有能受及所受者，即是破受陰，佛云：「此根初解，即得人空。」

「覺所覺空」、「盡聞不住」，所聞、能聞俱盡，就是「盡聞」。由於有智慧所以能覺，能覺根塵都不住了，覺照此根塵俱空。現既根塵俱盡則唯剩一覺，若住此覺境，但得人空，未得法空，又墮無為深坑，所以云「不住」。唯當加功再進，透過此關。當能聞與所聞，根、塵都齊然脫落，現前的是清湛空無有邊際的境界，此境界正是自己所覺到的。既有所覺，必有能覺，能覺即是能觀照此境界之智慧，有能覺與所覺，這又是一層能所。

「盡聞」是能聞與所聞的盡除，破了根結，達到根塵齊泯的境界，能照此境界的是能覺，屬於般若。若住於此「盡聞」的境界，則還有能覺與所覺，能覺的智與所覺的境相對，這就是能所仍存，智境相對，仍是障礙。所以不能住於此智，都應捨離，以破除法執。《楞嚴經通議》云：「根塵雙泯，為盡聞處。而亦不住盡聞之覺，更增觀行。根塵既泯，而此觀智亦亡，故覺所之覺亦空，此空觀智也。」盡聞則根塵皆盡，不住則繼續進修，所覺之境是根塵齊銷，了不可得，所以能覺沒有對待隨之亦空，故云「覺所覺空」，於是破了覺結。

塵亡根滅後，則耳識分別不起作用，識泯則破想陰，靈覺現起。靈覺對內、外萬種因緣猶有法執，乃屬幻智覺知，非是如來本覺。故對諸多

事端覺知歷歷，是為根滅覺生，心通現起。惟行者覺知諸緣而不能解脫不受，是謂覺結使。妙明靈覺之心本自具足無漏智慧，對所覺知之境，皆能化入空並轉其境，終至覺而不住覺知。至此境界，行者將能覺的自性，對一切所覺知之事相，均能導入空相，行者至此即謂「覺、所覺空」。

「空覺極圓，空所空滅。」空與所空又是一層能所。「覺所覺空」，其中的空是空觀智，即是「空覺極圓」的「空」。「覺」是能覺和所覺，此覺結因空觀智而得以解除。因有此空觀智，空掉能覺與所覺，雖解開了覺結，但留下空結，還須解除，能空和所空，依然相待。至此還要加行用功「入流」照性，亡「能空、所空」，達到「極圓」。於是所空的智境全息滅了，能空的空覺也銷歸真如，此即是「空所空滅」，解了空結證法空。能覺、所覺本是不二，無能覺之知，何有所覺之境，是以能覺之空觀智銷歸真如，當證法空。

此時行者即要證入「空覺極圓，空所空滅」之境界，行者初用絕對觀空智滅卻一切法執，當行者不為法縛時，即能還識於本元而面對諸覺境，有照有覺而不黏，此時行者證入相對之空境，能自在而不黏，是謂「空覺極圓」。行者修至此境界，即應將前絕對之觀空智去除，還識於本體空，面對所空的境能無礙。如此，即達「空、所空滅」之境，行者即能不入於偏空之理地。此為相對之空，入於不空如來藏而無所執。

行者亡了「能空、所空」，還本於體性空後，一切煩惱境界不相應，來無所黏，過無蹤跡，至此境界，則覺結滅矣。進之一切覺知入空，微細之酬業深脈，感召懸絕，是為行陰破，則本藉以空一切覺知之般若法空智，至此已可不用，是為空結滅，佛云：「空性圓明，成法解脫」即是此意。

行者面對諸法能理事無礙，當解脫般若慧具足時，離一分妄覺，則顯一分真空覺性，最後始覺合於本覺現前，是謂真見性、見法身，是為「空覺極圓」。行者至此所作已辦，所修習之我、法二空智已得，解脫智亦具，進一步將能空一切相之般若慧與所空之一切相，均解除滅掉，是為「空、所空滅」。

「生滅既滅，寂滅現前。」空所空滅，破了空結，證人空與法空，但「滅」字，仍是一結。動、靜、根、覺、空、滅是六個結，都是生滅法。解結次第：第一步，破了聲塵的動相，動結滅，靜結生。再破了靜結，聲塵的動靜二相都消，只顯能聞耳根，於是靜滅根生。耳根之外沒有了可作對待的聲塵，於是根結亦不存。根結破了，此時根塵全脫，唯有照境之覺智，這是根滅覺生。所覺之境既離根塵，能覺之智仍在，若常對待，仍有能所，此智亦須放捨。於是能覺與所覺俱空，覺結滅而空結生。「空所空滅」則空結滅而滅結生矣。到此若常住滅相之中，則被滅相所障，是為頂墮，百尺竿頭更須進一步，念念生滅當銷歸自性，隨順真如，俟一剎那頃，滅相迴脫，本理現前，六結俱解，頓證一心。

《大般若經》以菩薩退墮二乘為「頂墮」，據卷三九五載，由能入菩薩正性離生之故，即住菩薩種姓地中；既住菩薩種姓地中，即能決定不從頂墮；若從頂墮，應墮聲聞或獨覺地。然智顗以頂墮解為墮在頂位，不進不退之境地。即在圓教十信位而愛著相似之法，無法進入初住之位，又十信已斷見思之惑，故不退墮。以其不退不進猶如住山頂；或謂已離三界之惑，故稱為頂，於此頂位不進，是為頂墮。《大智度論》二十七曰：「愛著諸功德，於五眾無常苦空無我取相心著，是菩薩頂墮。」

《涅槃經》云：「諸行無常，是生滅法，生滅滅已，寂滅為樂。」此寂滅並非空無所有，而是寂滅為樂。「寂滅」之寂字，不是與「動」相對之寂，而是從無始來，本自如如不動之寂。「滅」字，不是與「生」相對之滅，而是無始來，本自無生之滅。故此「寂滅」，即本覺理體，即是如來藏、真如實際、一乘寂滅場、本妙覺心、妙明真心、大光明藏……，真心全體無邊妙用皆在其中，以上解六結，是觀世音菩薩「從聞思修」，「寂滅現前」，「入三摩地」，證入圓通之修行道次。

滅結一開，再「入流照性」，還識於本元，深入阿賴耶識，迴脫滅相，斷離異熟識諸種子，至諸生滅法全不起。當一切生滅法悉皆滅已，則自性顯露，寂滅體性現前。此時行者體性顯露，面對諸法，具足事事無礙之境界，體對境有照有覺而能如如不動，此覺照不動之佛性顯露，是謂「生滅既滅，寂滅現前」之境界。

生滅法盡，寂滅體性隨之現前，六結使即生滅法：動滅靜生，靜滅根生，根滅覺生，覺滅空生，空滅滅生，最後滅結亦當解除，生滅滅已，證得究竟解脫圓通。此禪門謂末後牢關，解此一結，則可親見本來面目。

「忽然超越，世出世間，十方圓明，獲二殊勝。一者：上合十方諸佛，本妙覺心，與佛如來，同一慈力。二者：下合十方一切，六道眾生，與諸眾生，同一悲仰。」

《楞嚴經通議》云：「一念頓證，故曰忽然。」「超越」是解脫無礙之義。《楞嚴經通議》云：「十界依正，皆寂滅一心所現影像，故曰超越。」（十界中，六凡是世間，四聖是出世間）如古德所云，十方所有諸法，無非自性光明，當解脫無礙。自性光明，圓滿十方，洞然無礙，故曰：「十方圓明」。

六結解開了，就是破了色受想行識五陰境界。離動靜二相破色陰；根結解破受陰；覺結解破想陰；空結解破行陰，最後生滅滅已破識陰。此耳根圓通法門將五陰境界一一解開，破了五陰境界後，至此寂滅現前，頓時超越了世間、出世間，自性光明圓照十方法界，遍滿十方虛空，獲二殊勝的功德：

一、入不生滅門，上合十方諸佛本妙覺心，與佛如來同一慈力。此時的心與十方諸佛本自具足的微妙覺心相應了。十方諸佛有慈悲喜捨四無量心，此時與十方諸佛完全是一樣的，上合十方諸佛，顯現本來妙覺真心，獲得一種慈悲廣利眾生之心力。

二、入生滅門，下合十方一切六道眾生，與諸眾生同一悲仰。此時觀音聞聲救苦的功德現前了，十方一切眾生只要起心動念都知道，與一切眾生同感苦集之痛，合如來同一悲仰，加被於一切眾生。世界是無量的，眾生也無量，六道亦是無量，每一個世界皆有六道眾生，因此每一個世界皆有十方諸佛，所有的一切三千大千世界的每一個三千世界都有一尊佛在度化眾生，因此一切六道眾生，不單指這個世界，而是涵蓋所有一切恆河沙之眾生。

「世尊！由我供養觀世音如來，蒙彼如來，授我如幻聞熏聞修金剛三昧，與佛如來，同慈力故，令我身成三十二應，入諸國土。」

世尊！由於恆河沙劫供養觀音如來的關係，蒙觀音如來傳授我如幻聞熏聞修金剛三昧。過程中修習聞外聲塵熏習不住，進而內觀法塵修成清淨菩提種子，終得如幻聞熏聞修金剛三昧。與諸佛如來所具有慈悲力等同故，令我成就無量神通，具足三十二種應化身，隨眾生音聲入一切國土。

「如幻」喻，修而無修，無修而修，因一切是夢中佛事。「聞熏」指本覺聞性自內熏而起始覺智。「聞修」指始覺智反聞入流本覺，照性而修（依真性主行）。解除六結，澈法源底，究竟堅固，入首楞嚴大定，證入圓通，名曰「金剛三昧」。得佛之體，同佛之用，故「與佛如來同慈力故，令我身成三十二應」，隨機感赴，普門示現，「入諸國土」。

此金剛三昧境界，超越了世間出世間，十方一切世界皆圓成於此一念心性。這一念心性如鏡子般，無一點塵垢，物來物現，物去不留，絲毫沒有一點罣礙。金剛，有不動與摧破之意，能摧破一切障礙。金剛不動之般若智返照本元，能破除見惑、思惑、塵沙惑、無明惑，最後習氣漏盡，成就金剛三昧，此三昧與十方諸佛如來本妙覺心，是同一個心，這時，十方一切六道眾生起心動念都知道，此是神通現前。觀世音菩薩證到了金剛三昧，成就三十二應身，入諸國土，到十方世界去度化眾生。

「三十二應」是現十法界（六凡四聖）種種身相，普應群機，廣作救度，一一各隨其類而現身（從佛身、人身，直到藥叉、阿修羅，人非人等），各應其機以說法，令其成就。三十二亦只是略說而已，實則應化無量。

「佛問圓通，我從耳門，圓照三昧，緣心自在，因入流相，得三摩地，成就菩提，斯為第一。彼佛如來，歎我善得圓通法門，於大會中，授記我為觀世音號，由我觀聽十方圓明，故觀音名遍十方界。」

耳根圓通本修因緣，乃因從耳門悟入如來藏真性，反聞自性，性周法界，獲得圓照三昧，故能緣種種心而得自在。且因「入流照性」，獲得三摩地正定，終究成就菩提果。

今佛問我圓通修證方法，我知妙耳門，即是圓通根。故耳根本修因緣，對我而言，最為殊勝第一。古觀世音如來歎我善得圓通法門，於大會中，授記我為觀世音名號。因為我能觀聽十方界眾生心且能圓妙明照不差。也因此觀音名號，遍滿十方界，無所不知。

附錄

《摩訶般若波羅蜜大明咒經》

姚秦三藏法師鳩摩羅什譯

觀世音菩薩，行深般若波羅蜜多時，照見五陰空，度一切苦厄。

舍利弗，色空故，無惱壞相；受空故，無受相；想空故，無知相；行空故，無作相；識空故，無覺相。何以故？舍利弗，非色異空，非空異色，色即是空，空即是色，受想行識亦復如是。

舍利弗，是諸法空相，不生不滅，不垢不淨，不增不減。是故空法，非過去，非未來，非現在。是故空中無色，無受想行識，無眼耳鼻舌身意，無色聲香味觸法，無眼界乃至無意識界，無無明亦

無無明盡，乃至無老死，亦無老死盡，無苦集滅道，無智亦無得。

以無所得故，菩薩依般若波羅蜜故，心無罣礙；無罣礙故，無有恐怖，遠離一切顛倒夢想苦惱，究竟涅槃。

三世諸佛依般若波羅蜜故，得阿耨多羅三藐三菩提。

故知般若波羅蜜是大明咒、是無上明咒、是無等等明咒，能除一切苦，真實不虛。

故說般若波羅蜜咒，即說咒曰：

竭帝竭帝　波羅竭帝　波羅僧竭帝　菩提僧莎呵

#《佛說聖佛母般若波羅蜜多經》

西天譯經三藏朝奉大夫試光祿卿傳法大師賜紫臣施護奉　詔譯

如是我聞：

一時，世尊在王舍城鷲峯山中，與大苾芻眾千二百五十人俱，并諸菩薩摩訶薩眾而共圍繞。

爾時，世尊即入甚深光明宣說正法三摩地。時，觀自在菩薩摩訶薩在佛會中，而此菩薩摩訶薩已能修行甚深般若波羅蜜多，觀見五蘊自性皆空。

爾時，尊者舍利子承佛威神，前白觀自在菩薩摩訶薩言：「若善男子、善女人，於此甚深般若波羅蜜多法門，樂欲修學者，當云何學？」

時，觀自在菩薩摩訶薩告尊者舍利子言：

「汝今諦聽，為汝宣說。若善男子、善女人，樂欲修學此甚深般若波羅蜜多法門者，當觀五蘊自性皆空。何名五蘊自性空耶？所謂即色是空，即空是色；色無異於空，空無異於色。受、想、行、識，亦復如是。

「舍利子！此一切法如是空相，無所生無所滅，無垢染無清淨，無增長無損減。舍利子！是故，空中無色，無受、想、行、識；無眼、耳、鼻、舌、身、意；無色、聲、香、味、觸、法；無眼界無眼識界，乃至無意界無意識界；無無明無無明盡，乃至無老死亦無老死盡；無苦、集、滅、道；無智，無所得，亦無無得。

「舍利子！由是無得故，菩薩摩訶薩依般若波羅蜜多相應行故，心無所著亦無罣礙；以無著無礙故，無有恐怖，遠離一切顛倒妄想，究竟圓寂。所有三世諸佛依此般若波羅蜜多故，得阿耨多羅三藐三菩提。

「是故，應知般若波羅蜜多是廣大明、是無上明、是無等等明，而能息除一切苦惱，是即真實無虛妄法，諸修學者當如是學。我今宣說般若波羅蜜多大明曰：

「怛馳他　唵　誐帝　誐帝　播囉誐帝　播囉僧誐帝　冐提莎賀

「舍利子！諸菩薩摩訶薩，若能誦是般若波羅蜜多明句，是即修學甚深般若波羅蜜多。」

爾時，世尊從三摩地安詳而起，讚觀自在菩薩摩訶薩言：「善哉，善哉！善男子！如汝所說，如是，如是！般若波羅蜜多當如是學，是即真實最上究竟，一切如來亦皆隨喜。」

佛說此經已，觀自在菩薩摩訶薩并諸苾芻，乃至世間天、人、阿修羅、乾闥婆等一切大眾，聞佛所說，皆大歡喜，信受奉行。

VIEW 65

觀心自在：《般若波羅蜜多心經》法要

作　者—陳琴富
主　編—李筱婷
企　畫—藍秋惠
美術設計—張　巖

董事長—趙政岷
出版者—時報文化出版企業股份有限公司
108019台北市和平西路三段二四〇號七樓
發行專線—（〇二）二三〇六六八四二
讀者服務專線—〇八〇〇二三一七〇五
（〇二）二三〇四七一〇三
讀者服務傳真—（〇二）二三〇四六八五八
郵撥—一九三四四七二四時報文化出版公司
信箱—一〇八九九臺北華江橋郵局第九九信箱

時報悅讀網—http://www.readingtimes.com.tw
時報出版愛讀者—http://www.facebook.com/readingtimes.fans
法律顧問—理律法律事務所　陳長文律師、李念祖律師
印　刷—紘億印刷有限公司
初版一刷—二〇一九年七月十二日
初版二刷—二〇二二年八月二十六日
定價—新台幣三二〇元

時報文化出版公司成立於一九七五年，
並於一九九九年股票上櫃公開發行，於二〇〇八年脫離中時集團非屬旺中，
以「尊重智慧與創意的文化事業」為信念。

觀心自在 / 陳琴富著. -- 初版. -- 臺北市 : 時報文化, 2019.07
面 ; 14.8×21公分. -- (View ; 65)
ISBN 978-957-13-7867-1(平裝)

1. 般若部　2. 佛教修持

221.45　108010558

ISBN 978-957-13-7867-1
Printed in Taiwan